疯狂STEM

KEY CONCEPTS IN
STEM

ENGINEERING
AND TECHNOLOGY
工程和技术

水陆运输
LAND AND WATER TRANSPORTATION

英国 Brown Bear Books 著

王 晋 译

电子工业出版社
Publishing House of Electronics Industry
北京·BEIJING

Original Title: LAND AND WATER TRANSPORTATION
Copyright © 2020 Brown Bear Books Ltd

BROWN BEAR BOOKS

Devised and produced by Brown Bear Books Ltd,
Unit 1/D, Leroy House, 436 Essex Road, London
N1 3QP, United Kingdom
Chinese Simplified Character rights arranged through Media Solutions Ltd Tokyo
Japan (info@mediasolutions.jp)

本书中文简体版专有出版权授予电子工业出版社。未经许可，不得以任何方式复制或抄袭本书的任何部分。

版权贸易合同登记号　图字：01-2021-3247

图书在版编目（CIP）数据

水陆运输 / 英国 Brown Bear Books 著；王晋译 . —北京：电子工业出版社，2021.9
（疯狂 STEM. 工程和技术）
书名原文：LAND AND WATER TRANSPORTATION
ISBN 978-7-121-41819-8

Ⅰ . ①水… Ⅱ . ①英… ②王… Ⅲ . ①交通运输发展－技术发展－世界－青少年读物 Ⅳ . ①F511.3-49

中国版本图书馆 CIP 数据核字（2021）第 169608 号

责任编辑：郭景瑶
文字编辑：刘　晓
印　　刷：北京利丰雅高长城印刷有限公司
装　　订：北京利丰雅高长城印刷有限公司
出版发行：电子工业出版社
　　　　　北京市海淀区万寿路 173 信箱　邮编：100036
开　　本：787×1092　1/16　印张：4　字数：115.2 千字
版　　次：2021 年 9 月第 1 版
印　　次：2021 年 9 月第 1 次印刷
定　　价：68.00 元

凡所购买电子工业出版社图书有缺损问题，请向购买书店调换。若书店售缺，请与本社发行部联系，联系及邮购电话：(010) 88254888，88258888。
质量投诉请发邮件至 zlts@phei.com.cn，盗版侵权举报请发邮件至 dbqq@phei.com.cn。
本书咨询联系方式：(010) 88254210，influence@phei.com.cn，微信号：yingxianglibook。

"疯狂STEM"丛书简介

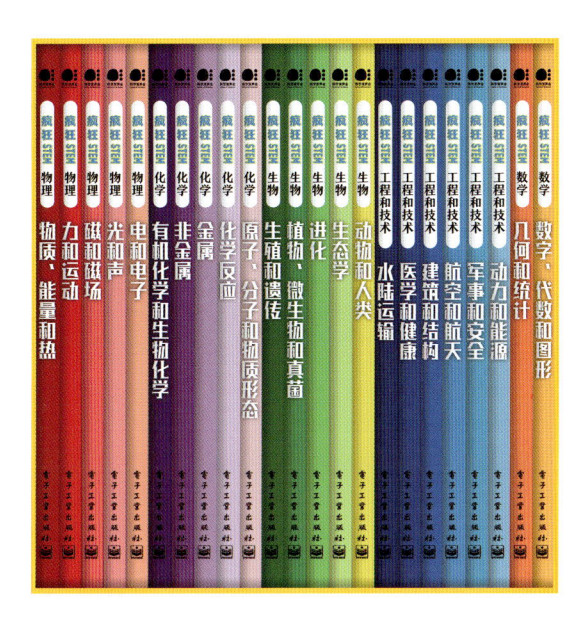

STEM是科学（Science）、技术（Technology）、工程（Engineering）、数学（Mathematics）四门学科英文首字母的缩写。STEM教育就是将科学、技术、工程和数学进行跨学科融合，让孩子们通过项目探究和动手实践、创造的方式进行学习。

本丛书立足STEM教育理念，从五个主要领域（物理、化学、生物、工程和技术、数学）出发，探索23个子领域，全方位、多学科知识融会贯通，培养孩子们的科学素养，提升孩子们解决问题和实际动手的能力，将科学和理性融于生活。

从神秘的物质世界、奇妙的化学元素、不可思议的微观粒子、令人震撼的生命体到浩瀚的宇宙、唯美的数学、日新月异的技术……本丛书带领孩子们穿越人类认知的历史，沿着时间轴，用科学的眼光看待一切，了解我们赖以生存的世界是如何运转的。

本丛书精美的文字、易读的文风、丰富的信息图、珍贵的照片，让孩子们仿佛置身于浩瀚的科学图书馆。小到小学生，大到高中生，这套书会伴随孩子们成长。

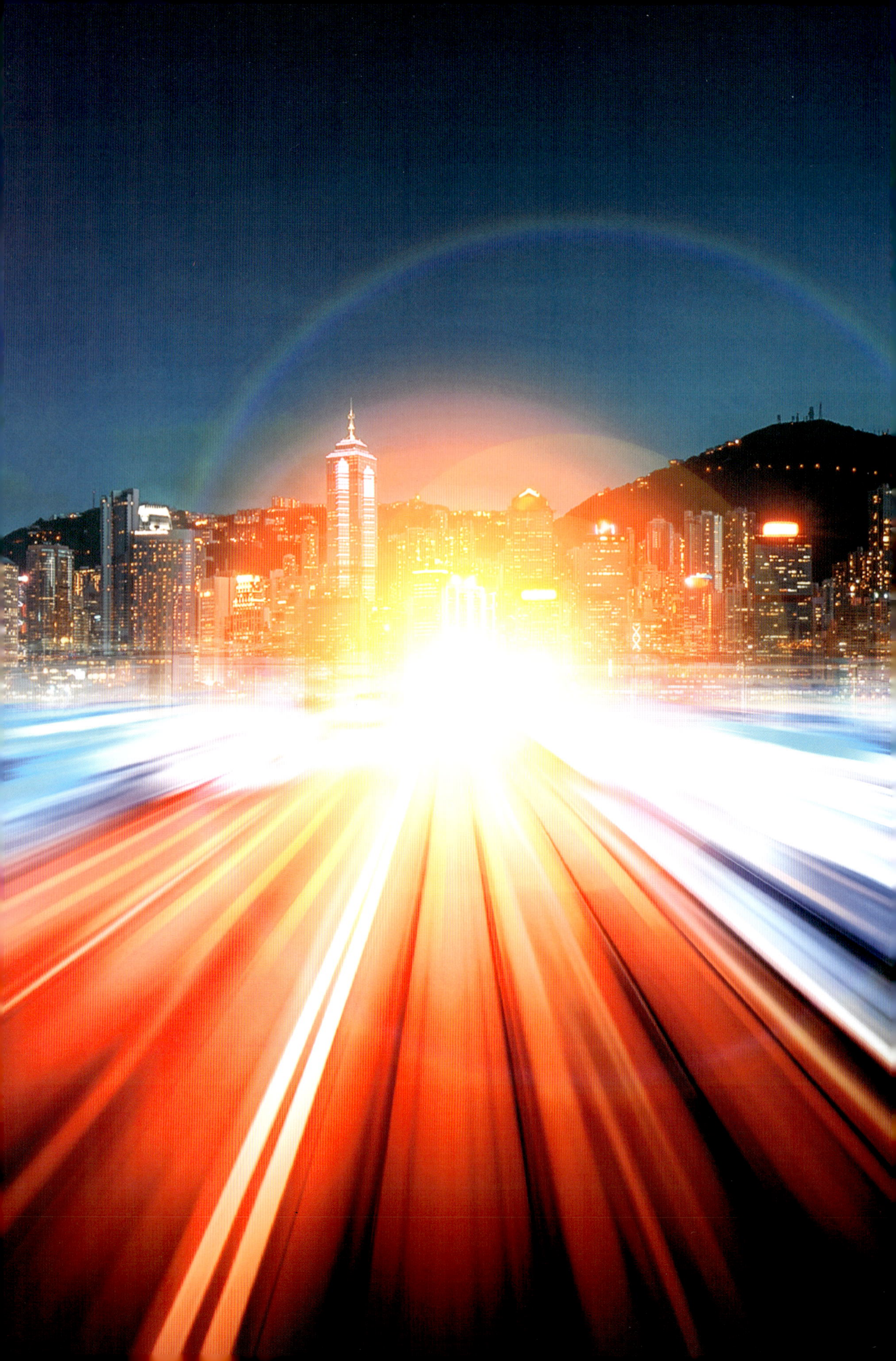

目 录

畜力 …………………………………………… 6

人力 …………………………………………… 16

火车和轨道 …………………………………… 24

公路车辆 ……………………………………… 36

船舶 …………………………………………… 50

时间线 ………………………………………… 62

延伸阅读 ……………………………………… 64

畜力

文明诞生以来，人类就开始把大牲畜当作坐骑，或利用大牲畜驮运物品。时至今日，在不通公路和铁路的地方，马匹和其他牲畜仍会派上用场。

没有人确切知道人类是从什么时候开始使用驯服的牲畜来运送物品的。大概的时间可能是在公元前6000年左右，当时第一批城邦正在建造当中，地点可能是在中东肥沃平原上的居住地，那里的地形非常适合畜力运输。牛可能是最早被用于运输的动物，随后是驴。公元前3500年之前，美索不达米亚平原（现伊拉克境内）上就开始出现

如今，在世界上大多数地区，畜力交通工具已不再被普遍使用。但是，有时它们仍会被用于仪式和休闲活动中，比如游客观光。

社会和发明

没有轮子的世界

世界上很多地方可能都发明过轮子，但是美洲古代文明社会从未使用过轮子，比如玛雅人、阿兹特克人和印加人就没有此番经历。究其原因，可能是因为带有轮子的车子需要强壮的牲畜，比如牛，还需要平坦的土地和良好的路况。美洲驼等美洲动物体型太小，无法拉动板车。不过，这些动物适合在崎岖不平的山上运送重物，带轮子的车子在这些地方则寸步难行。在大雪覆盖的国家，轮子也没有用处。在斯堪的纳维亚半岛，到了冬天，人们会用驯鹿拉雪橇。即使在发明了轮子的中东，人们也会靠骆驼穿越无路的沙漠。

畜力

牛拉木制雪橇了。要想牵走一头驯服的牛，只需要在牛的鼻环上拴上绳子。牛也可以被套上器具，比如在两头牛的脖子上架一根曲木，也就是"轭"。在北非，人们如今骑驴时仍不用笼头。骑驴的人要想向前走，会用棍子轻轻地触碰驴的耳朵。

轮子

虽然牛可以帮人们驮运重物，但它的速度很慢，并且仅限于驮运能够在颠簸路面上拖行的东西。公元前4000年以后，人们学会利用树干的滚动特点，拉运重物因此变得更加容易。公元前3500年左右，在美索不达米亚平原上，人们发明了轮子。最开始，轮子是实心的木制圆盘，要么是一块圆形木板，要么是两三块用防滑楔（木头或金属制成的楔子）固定在一起的木板。

轮子的发明

在轮子被发明之前，人们用雪橇运送货物。雪橇下面是用原木做成的滚子，雪橇在原木上滚过多次后，滚子上会出现一个凹槽，这可能就是轮轴发明的基础。较窄的凹槽变成了车轴，较宽的滚子则变成了车轮。将轴与雪橇相连，就形成了一个简单的小车。后来，人们在小车上安装了固定的车轴，轮子可以绕其旋转。

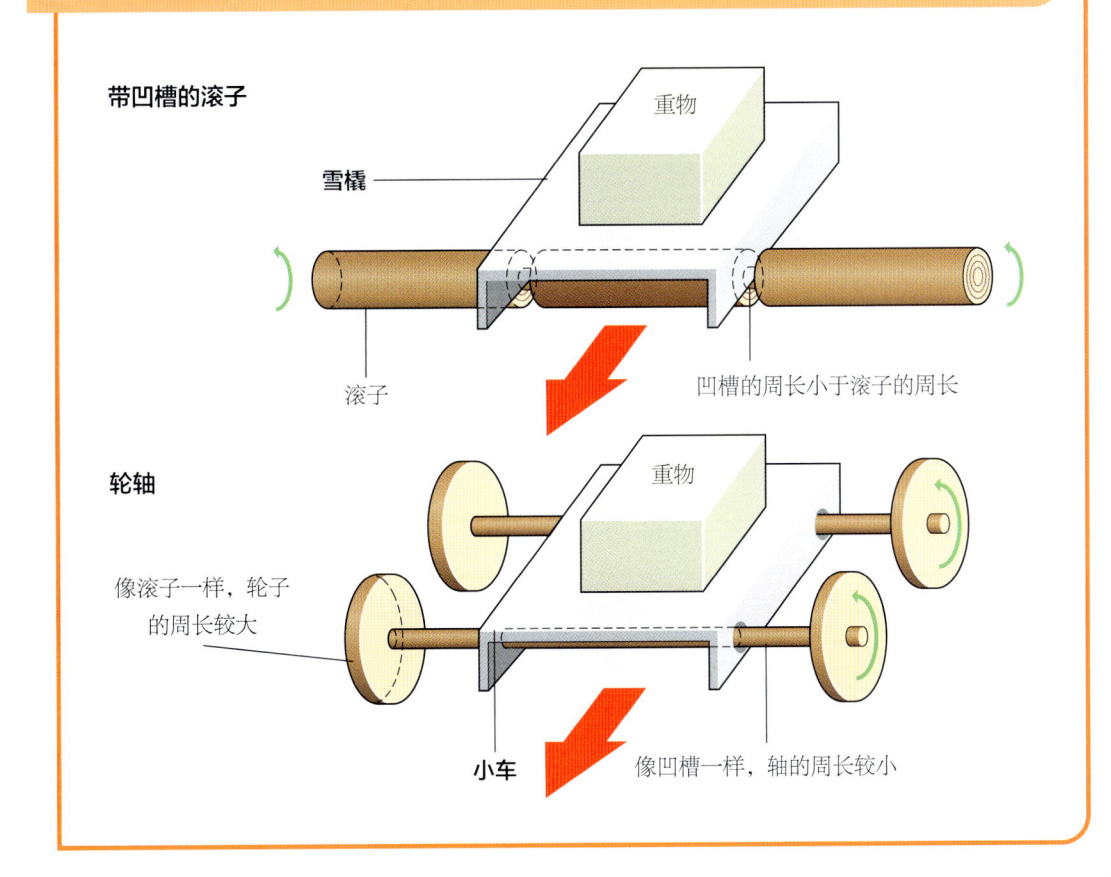

带凹槽的滚子

雪橇
重物
滚子
凹槽的周长小于滚子的周长

轮轴

像滚子一样，轮子的周长较大
重物
小车
像凹槽一样，轴的周长较小

7

在开阔的草原上，马不断进化。第一批家马可能被驯养于中亚地区。

骑马

驯服马匹供人骑行几乎和轮子的发明同等重要。5000年前，游牧民族在中亚的大草原上策马奔腾，骑马可能由此发展而来。

塔赫，亦称"普氏野马"，是一种蒙古野马，可能与人类最初驯服的古马相似。如今，它已十分罕见。

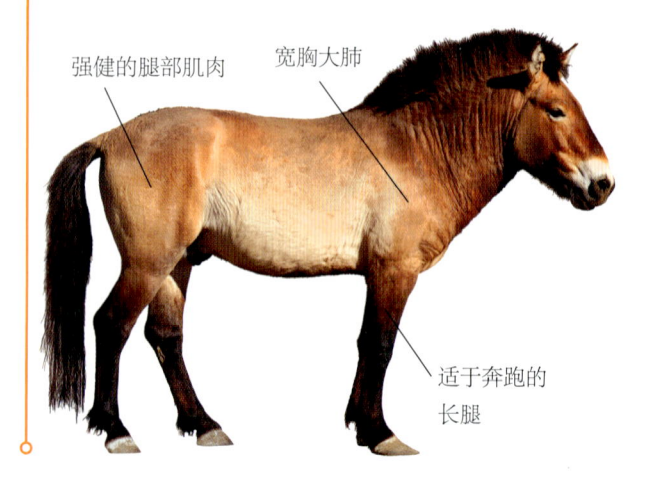

强健的腿部肌肉

宽胸大肺

适于奔跑的长腿

战车

轮式车辆很快便开始在战争中发挥作用。在美索不达米亚平原上，士兵将四轮和两轮马车当作移动的平台，站在上面投掷长矛。因为使用的是实心木轮，所以战车十分笨重。但是，到了公元前1900年，美索不达米亚平原上的人们发明了辐条轮。辐条轮有一个圆形的外圈，由从中心向外伸展的木制辐条支撑。这一发明使战车变得轻巧便捷，可以在战场上快速移动。

畜力

其他驮畜

马既强健有力，又能快速奔跑，因此成为运输领域用途最广泛的动物。当然，很多其他动物也很重要。例如，在北极，不同民族会用狗或驯鹿拉雪橇。高温和缺水对马来说是致命的，但骆驼可以在如此恶劣的环境中生存，所以它们对中亚、北非和中东的沙漠游牧民族至关重要。骆驼一天可以驮着重物行走50千米，它所消耗的水分只有马行走同等距离所消耗水分的六分之一。但是，针对极其沉重的货物，没有哪种动物能比得过大象。在印度，大象被用来推倒树木、运输原木和其他重物。此外，大象还能奔赴战场，吓退敌人及敌人的马匹。

马很难通过山区或岩石较多的地区。为此，人们找到了步伐更为稳健的动物，驴就是其中一种。但驴的体型较小，可以驮动的重物有限。不过，公驴与母马繁殖生出的骡子，则结合了这两种动物的优点。真正能在山区畅行无阻的要数南美洲的美洲驼和喜马拉雅山脉的牦牛了，它们拥有厚重的皮毛，可以抵御严寒。

骆驼的驼峰中贮藏着脂肪，使它们在几天不吃不喝的情况下仍能存活下来。

工程和技术：水陆运输

骑马大大地提高了游牧民族的移动效率，人们可以前往更远的地方，驱赶牲畜也变得更加容易，放牧地因此得到了更好的利用。此外，人们在战斗中还可以拥有居高临下的优势，而且可以更快地撤退。

最早，人们骑马时，马身上什么都不套。骑马的人用膝盖夹紧马腹，并用一根皮鞭控制马。那时，马镫和马勒尚未被发明出来，人们会把动物的皮毛搭在马背上，这样骑马时会更加舒适——这就是马鞍的雏形。

马蹄铁加热后可以变形，人们将其锤打成合适的尺寸和形状，然后钉在马蹄上。

马鞍

最早发明马鞍的似乎是大约公元前600年生活在乌克兰的斯基泰人。他们发明的马鞍由软垫毛毡制成，并由桦木结构提供支撑。后来，人们又发明了鞍骨，它可以将骑手的重量均匀地分布在马背上。公元前200年左右，中国人可能使用过鞍骨。公元100年左右，古罗马人可能也使用过鞍骨。如果没有鞍骨，马镫会把骑手的大部分重量压在马背上的一个地方。现代的西部鞍保留了马鞍的很多早期特征。

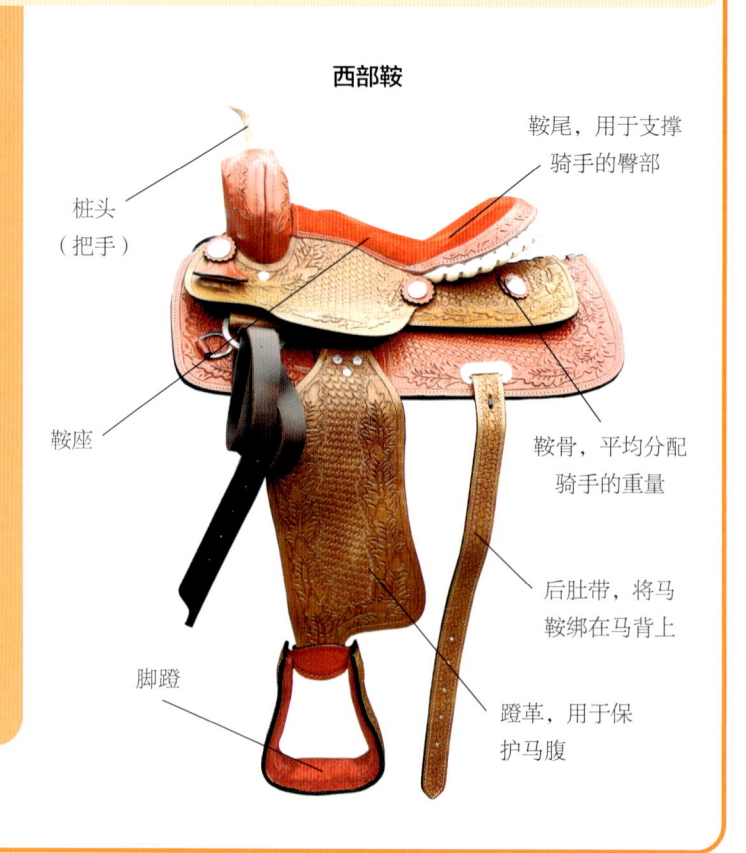

西部鞍

- 桩头（把手）
- 鞍尾，用于支撑骑手的臀部
- 鞍座
- 鞍骨，平均分配骑手的重量
- 后肚带，将马鞍绑在马背上
- 脚蹬
- 蹬革，用于保护马腹

10

畜力

战斗中的双轮马车

　　早期的家马比现代马要小。在发明鞍骨和马镫之前，全副武装的士兵很难骑马作战。双轮马车解决了这个问题，它利用了马善于奔跑的特性，同时又足够稳定，使车上的士兵可以挥舞刀剑、发动攻击。大约在公元前1700年，希克索斯人利用战车部队入侵古埃及。据说，小亚细亚的赫梯人用3500辆战车打败了古埃及法老拉美西斯二世的军队。

　　人们第一次使用简单的金属马嚼子大约可以追溯到公元前1300年。几乎可以肯定的是，人们在此之前已经用过木头或骨头制成的马嚼子，但至今尚未出土相关物件。马嚼子通常由一块金属制成，放在马的牙齿

相关信息

- 现代马的祖先是始祖马。始祖马高约30厘米，十分矮小，大约生活在5000万年前。

- 已知的最早书籍中就有马的相关介绍。该书由公元前1400年生活在赫梯帝国的基库利（Kikkuli）撰写，描述了如何用马来拉战车。

- 马对于运输来说十分有用，但也有不利之处。例如，1900年左右，美国纽约大约有12万匹役马，它们每天产生1200吨粪便，人们必须对其进行清扫和处理。

大勒

　　如今我们使用的马勒分为几种不同的类型。右图是最复杂的大勒，用于骑术比赛等活动。在这些场合，骑手需要对马进行额外的控制。马口中有两个马嚼子，每个都有自己的缰绳。首先放入马口中的是轻马嚼子，它的两端各有一个大环。普通马勒就用这种马嚼子作为控制马的主要辅助工具。分叉的硬马嚼子呈H形，侧面分别向上和向下伸出，马嘴后面还有马衔索和缰绳。拉动马衔索时，硬马嚼子的中心压在嘴上。与此同时，硬马嚼子的侧面被底部的缰绳向后拉，使小环向前倾斜。小环通过头带勒住马的头顶，并通过马衔索勒住马的下巴。

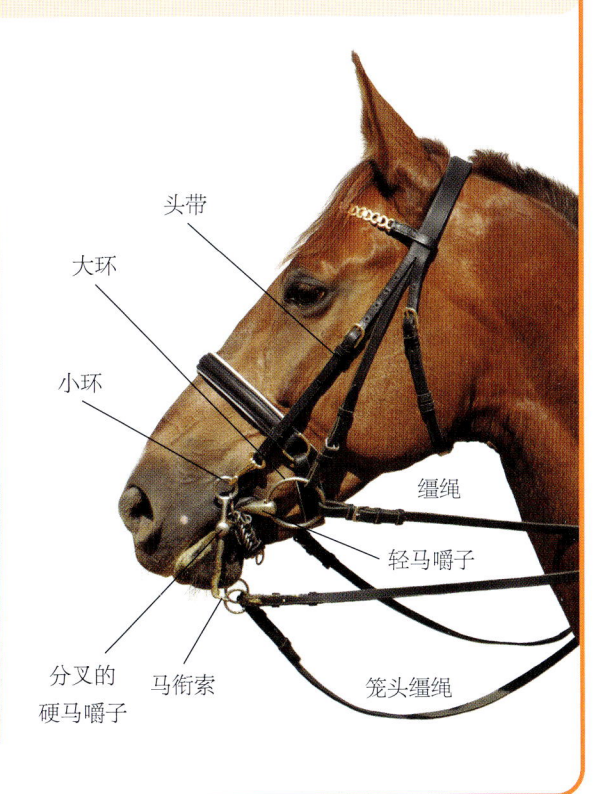

头带
大环
小环
缰绳
轻马嚼子
分叉的硬马嚼子
马衔索
笼头缰绳

11

工程和技术：水陆运输

之间，人们可以通过拉缰绳向马发出指令。

公元前4世纪，西北欧的凯尔特部落发明了分叉的硬马嚼子，在此之前，单个的轻马嚼子一直是控制马的标准工具。分叉的硬马嚼子呈H形，放在马口中，可以拉低马头，从而更好地控制马。正因如此，二轮战车对战争和骑兵来说没那么重要了，骑马作战成为战斗的主要方式。

战争走入新时代

到了公元2世纪，中亚的游牧民族萨尔马提亚人开始使用拱形马鞍。这种马鞍与马背比较服帖，前后分别隆起，骑手可以很稳地骑在马背上，作战时，骑兵便可以使用沉

颈圈会将重量压在马的肩膀上，而不是马的脖子或喉咙上。与早期那种原始的马轭相比，一匹戴上装有衬垫的颈圈的马，可以拉动原来四倍的重量。

四轮马车

人们普遍认为，15世纪匈牙利科奇村（Kocs）的马车制造商想到了给马车添加两个小前轮的想法，这样会使车辆更容易转弯。此外，因为重心后移，马车也更加稳固。不久，他们又做了重要的改进，将车体悬在车轴之间，而不是靠在车轴上，这样马车在颠簸的道路上会产生一定的缓冲作用。四轮马车就这样诞生了。

16世纪和17世纪，四轮马车传播到了欧洲各地。最初，只有最富有的人家才能使用这种舒适的现代马车。后来，更大的四轮马车被用作长途公共交通工具。

畜力

马镫

马镫是支撑骑手双脚的轻型框架，也是在公元 2 世纪被发明的。马镫的发明标志着人们在用马方面迈出了重要的一步。马镫使得骑手骑马时更安稳，而且降低了骑手以最高速度骑行时所需的技术水平。1000 年后的中世纪，马鞍和马镫的效果仍然显而易见。配有马鞍的高大马匹是有钱士兵的理想坐骑。商人、朝圣者、牧师等人会骑较为矮小的马匹，他们双脚稳稳地蹬在马镫上，其他东西则由骡子驮着。

有了马镫，骑马的人可以稍微站起，这样更容易保持平衡和越过障碍。

悬吊的四轮马车：质量和惯性

最早的载客四轮马车像吊床一样由皮革吊索悬吊起来。后来，人们又在马车上加了月牙形金属弹簧，这给四轮马车带来了巨大变化。乘坐这种马车更加舒适，而且快速驾驶时更加安全，因为它可以越过凹凸不平的路面，而不会被弹开。弹簧之所以起作用，是因为沉重的车厢具有很大的惯性，需要很大的力才能使之移动。四轮马车经过凹凸不平的路面时，车轮和车轴会出现颠簸。颠簸时产生的大部分动作都被弯曲的弹簧吸收了，车厢本身基本不会剧烈晃动。具体的效果取决于弹簧的弹力，以及被弹起之物（车厢）和没有弹簧支撑部分（轮轴）的质量之比。

13

工程和技术：水陆运输

筑路工人

18世纪末，筑路工人有了新的修路方法。苏格兰工程师托马斯·特尔福德（Thomas Telford，1757—1834）和约翰·麦克亚当（John MacAdam，1756—1836）起到了带头示范作用。特尔福德的方法是挖一条沟，先用厚重的岩石打好基础，上面再铺上15厘米压实的碎石。麦克亚当则提倡较轻的铺路方式。他的方法是用较小的石块来铺路（见下图）。筑路工人会用嘴张开的大小来衡量石块的大小，如果石块无法放入嘴中，就说明石块太大了，不适合用来铺路。石块表面会再铺一层焦油。用这种方法铺的路被称为"柏油碎石路面"。

重的武器，比如长矛或长剑。

古罗马人比赛时使用二轮战车，但他们在战争中更喜欢用步兵和骑兵。他们发明了一种重要的东西，即马蹄铁。马蹄铁是一种钉在马蹄上的U形金属板，目的是防止马蹄被坚硬的路面磨损，比如当时的古罗马公路网。

运货马车

中世纪的大部分时间里，欧洲的货车都与古罗马时代的几乎没有什么区别。它们通常有4个大小相同的车轮，没有悬架，也没有转向装置——凯尔特人在公元前50年就发明了带有旋转前轴的可以转向的小车。

马被引入中东和欧洲以来，人们使用了各种马具，但都不理想。这些马具迫使马用脖子而不是用身体拉车，而且马具很容易上窜并压在马的气管上。中国人发明了马颈圈，它比较宽，可以架在马肩上，大大地提高了马拉车的效率。即便如此，在16世纪的欧洲，运货马车的行驶速度还远远赶不

17世纪和18世纪，驿站马车在欧洲和北美洲是一种常见的公共交通工具，但马或骡子必须经常更换。

14

畜力

上步行的速度，原因在于这些马车不仅十分简陋，而且必须在糟糕的道路上行驶。古罗马的道路早已破旧不堪、崎岖不平，夏天尘土飞扬，冬天则泥泞不堪。如果负担得起的话，大多数人还是更喜欢骑马旅行。

四轮马车的发明改变了这种情况。这种马车设计得比较舒适，可以在路面允许的情况下高速行驶。16世纪和17世纪，四轮马车已经传遍整个欧洲，不过只有最富有的人家才能负担得起，因为拉车的马十分紧俏。

1625年，伦敦人开始享受一项新的服务，那就是租借四轮马车，这和现代的出租车是一个道理。后来，又出现了驿站马车。之所以叫这个名字，是因为它们的行驶距离很长，要在不同的驿站停歇或更换马匹。不过，乘坐四轮马车从爱丁堡到伦敦的花费仍然很高，而且路况依然十分糟糕，所以大多数人都更喜欢骑马。直到18世纪末的工业革命才真正推动了更快、更便宜的交通运输方式的出现。

收费公路

18世纪，高质量的道路变得愈发重要。法国招募工人修建了24000千米的新道路。英格兰推出了收费制度——公司获权建造不同的路段，可以向使用相关路段的人收取通行费来作为回报。付费公路引起了人们的愤怒，而且腐败现象十分普遍。尽管如此，收费公路制度还是提高了道路的质量。

从18世纪末开始，欧洲和北美洲东部的道路建设发展迅速。到1830年，仅英国就拥有32000千米的高质量道路，以前8天的旅程现在只需要不到两天。此时，四轮马车达到了顶峰。邮政马车高速行驶，还出现了很多为富人设计的私人马车。19世纪40年代，马车建造得十分精美，两轮和四轮载客马车十分流行。但是，铁路时代已然到来，马车时代即将成为历史。

马和铁路

创新不是一蹴而就的过程。新旧并存，旧事物出现新用法往往是常态。例如，第一条铁路的出现并没有取代马匹，因为人们还是喜欢用马拉车。在铁路发动机发明很久以前，马就沿着轨道拉送货物。这些马大多在矿山工作，运输煤炭或矿石。第一条客运铁路也是用马拉车的。世界上最后一条马拉铁路位于北爱尔兰的芬托娜，一直运营到1957年。19世纪初蒸汽铁路出现后，马匹被用来调动轨道车辆、卸货和将货物送往目的地。到1928年，伦敦米德兰铁路公司和苏格兰铁路公司拥有9600多匹马。

人力

在这个不乏高速汽车、超声速飞机和太空旅行的世界，我们很容易忘记大部分旅程仍然依靠最古老的动力来源，那就是我们自己的身体。

在人们懂得驾车、划船和开飞机之前，步行是唯一的交通方式，人们有时甚至会连续几天走上数百里路。最早的鞋子很可能出现在3万年前的石器时代。那时的鞋子就是用皮带将风干的兽皮绑在脚底上做成的。在寒冷的地方，兽皮会围到脚踝周围以起到保暖作用。这样的鞋子逐渐演变为铁器时代流行的"莫卡辛软皮鞋"，后来美洲原住民也穿这种鞋。

世界各地的人们充分利用当地的材料，发明了不同用途的鞋子。在中东的沙漠地区，皮凉鞋用来保护双脚，以免脚被烫伤。在欧洲和日本，木鞋成为人们在泥泞田地工作的理想之选。还有些国家皮革较少，人们多穿布鞋。

20世纪70年代，人们发明了山地自行车。这种自行车适用于崎岖不平的越野地形。

胶靴

防水的胶靴有几种不同的叫法，比如"雨鞋"，但是很多人都称其为"威灵顿靴"。这个名字取自英裔爱尔兰军事家亚瑟·韦尔斯利（Arthur Wellesley，1769-1852），他是第一代威灵顿公爵。19世纪初，他设计了一种由皮革制成的长筒骑兵靴。这款靴子既防水，又容易插到马镫里。牛仔靴的设计灵感便来自威灵顿靴。

橡胶制成的威灵顿靴最早生产于19世纪50年代。

在阴雨天，日式木屐的高跟可以使双脚远离地上的积水。

16

人力

骑自行车

很多发明家都提出了人力机械的方案，但是直到1817年，才出现了现代自行车的雏形。德国发明家卡尔·冯·德莱斯（Karl von Drais，1785—1851）意识到，只要保持向前行驶，仅有两个轮子的机械也能保持平衡。他发明的木制奔跑机（Laufmaschine）没有踏板，仅靠骑手的双脚用力蹬地前行。

下坡时，骑手可以把腿放在一个支架上，这样奔跑机就可以毫不费力地前行。卡

如今，有些室内便鞋或拖鞋仍采用传统"莫卡辛软皮鞋"的设计。不过，现在的软皮鞋通常都有耐用的橡胶鞋底。

滑雪

大约4500年前，挪威和瑞典率先发明了滑雪板，用来分散人的体重，以防止人陷入雪中。滑雪板很快发展为一种有效的交通工具。早期的滑雪板裹着动物毛皮，毛朝向后方。滑雪板向前移动时，因为顺毛，所以很容易在雪地上滑行。滑雪者向后使劲时，因为逆毛，所以可以产生更大的抓地力，方便上坡。此外，早期的滑雪者还发明了雪橇。最初，雪橇下面只铺着一块兽皮，在雪地上拖行。后来，雪橇下面的滑板改用木头或骨头制成，以减少摩擦。

现代滑雪运动始于19世纪中叶，最初源于挪威，后来扩展到划分法国、瑞士和意大利的阿尔卑斯山脉。这项运动随着20世纪30年代吊椅缆车的发明而流行。如今的滑雪板由轻巧坚固的碳纤维制成，会进行打蜡，以适应不同的雪况。

速降滑雪板与滑雪者坚硬的塑料靴子紧紧地固定在一起，这有助于滑雪者在高速滑行时控制滑雪板的位置。在发生碰撞时，靴子会对脚踝起到支撑作用。

17

工程和技术：水陆运输

上图为卡尔·冯·德莱斯发明的没有脚蹬的木质奔跑机。

尔·冯·德莱斯的发明掀起了一股热潮，席卷整个欧洲和美国。骑车培训学校开始成立，教奔跑机爱好者如何骑车，学员以年轻人为主。

很快，改进版的自行车开始出现，其中最好的可能要数英国人丹尼斯·约翰逊（Dennis Johnson）于1819年发明的"行人

追根溯源

我们在探寻现在我们熟悉的机器的起源时，有一个名字总会出现，那就是莱昂纳多·达·芬奇（Leonardo da Vinci, 1452–1519），自行车也不例外。有些专家认为，自行车的第一份设计图纸来自15世纪90年代达·芬奇的手稿。但是，还有人认为，那张带有踏板和链条的两轮自行车的画是假的。另一件让人好奇的事是，英格兰斯托克·波吉斯的一座教堂装有16世纪的彩绘玻璃窗，玻璃窗上面画着的天使看起来好像骑着两轮自行车。

自行车比赛

以踏板为动力的自行车引发了自行车比赛浪潮，这股浪潮一直持续至今。人们开设骑车培训学校，以迎合不断增长的需求。1868年5月31日，第一场自行车比赛在巴黎附近的圣克劳德公园举行。次年11月，一场比赛在巴黎和鲁昂之间的公路上开展，全程134千米。以上两场比赛的冠军均由一位名叫詹姆斯·摩尔（James Moore）的英国人赢得。1891年，在纽约市的麦迪逊广场花园举行了美国第一场为期六天的自行车比赛，且赛道为木质的。当今最重要的自行车比赛是环法自行车赛，始于1903年的法国。

如今，很多自行车公路赛会持续多天，有众多骑手参加。他们每天完成比赛的不同赛段，因此整场比赛会产生赛段冠军和总冠军。

车"（Pedestrian Curricle）。这款自行车由金属制成，比卡尔·冯·德莱斯的设计更为轻巧。此外，丹尼尔·约翰逊还专为女性设计了一款自行车，较低的车架更方便穿长裙的女士骑行。

18

人力

踏板动力

1839年，苏格兰铁匠柯克帕特里克·麦克米伦（Kirkpatrick MacMillan）制造了一种带踏板的自行车。踏板与曲柄相连，向前和向后踏动踏板时，后轮会转动。这辆自行车十分笨重。19世纪60年代，法国制造商皮埃尔·拉勒芒（Pierre Lallement）将踏板和曲柄连接到自行车的前轮上。终于，这辆名为"脚踏车"的机器可以由人力有效地驱动了。

19世纪70年代，英国人詹姆斯·史塔利（James Starley，1830—1881）设计了一种前轮大、后轮小的自行车。骑车的人高高地坐在巨大的前轮上，用几乎垂直的前叉控

这款以脚踩踏板为动力的自行车没有链条。踏板通过曲柄直接与前轮相连。

前轮大、后轮小的自行车

这种自行车的前轮为什么这么大？答案与速度有关。骑自行车成为一项运动以来，人人都希望自己的速度是最快的。在引入齿轮前，自行车的踏板直接连接到从动轮上。后来，人们将踏板和曲柄连接到自行车的前轮上。要想制造出速度更快的自行车，唯一的方法是将其安装到更大的轮子上。每转一圈，大轮要比小轮走得更远。车轮尺寸的唯一限制因素就是骑手的腿长。19世纪80年代，自行车比赛冠军赫伯特·利德尔·科尔蒂斯（Herbert Lidell Cortis）身高1.89米，他可以骑前轮直径为152厘米的自行车。现在，成人自行车的车轮直径通常为66厘米。对于前轮大、后轮小的自行车来说，后轮之所以很小，是因为这样可以减轻重量。另外，自行车的前轮负责驱动和转向，后轮用于保持稳定性。

前轮大、后轮小的自行车在英语里俗称"penny farthing"，因为前轮和后轮看起来就像当时的两种硬币——便士（penny）和法新（farthing）。

19

工程和技术：水陆运输

制方向；自行车车架是管状结构的，贴合前轮的弧度；后轮很小。

尽管前轮大、后轮小的自行车很受欢迎，但很多人都觉得这种自行车太难骑了。个子矮的人腿不够长，够不到踏板；穿长裙的女性因为担心裙子会被辐条绞住而不敢骑；即使最热情的支持者也很难保持平衡。

于是，不少人试图设计更安全的自行车。他们采用较小的前轮，用链条或杠杆实现换挡，这样踏板转动一圈，车轮可以转动多圈。最初，那些喜欢骑前轮大、后轮小的自行车的人对这些新设计嗤之以鼻。但是，当这些更安全的自行车流行起来后，前轮大、后轮小的自行车最终被淘汰了。1885年，詹姆斯·史塔利的侄子约翰·肯普·史

人们发明用于驱动后轮的链条以后，自行车的设计开始采用相同尺寸的前后轮。

社会和发明

未来交通

人们一般认为，自行车似乎无法替代汽车。自行车没有遮风挡雨的设备，放不了多少行李，通常只能带一个人，所以看起来不像汽车那么舒适、那么方便。但是，这种观点正在被改变。人们越来越担心城市污染和交通拥堵。出于这种担忧，人们对更环保、更健康的出行方式越来越感兴趣。有人开始认为骑自行车是一个更好的选择，因为自行车体积小、无污染、有益健康。如今，在城市中，自行车专用车道的数量正在增加。

很多大城市都设有自行车专用车道来保护骑车人的安全。

人力

塔利发明了"罗孚安全自行车",永久地改变了自行车的外形。罗孚安全自行车的外形和现代自行车的差不多,它的关键创新在于后轮由链条驱动,坚固的车架取代了前轮大、后轮小的自行车所采用的金属管。此外,还有一些人也发明了各种类型的安全自

自行车链条将与踏板相连的齿轮和后轮的一系列齿轮连起来。

变速器

自行车的齿轮通过链条将踏板的旋转运动传递给后轮。自行车变速器发明于1911年,由嵌在后轮驱动轴上的一系列齿轮及一个将链条从一个轮齿移动到下一个轮齿的张力轮组成。操纵缆索将张力轮与齿轮控制器连接起来。齿轮控制器通常是车把上的一个装置或车架上的一根杠杆。

为了达到最大骑行效率,骑自行车的人需要确保踩动踏板的力量和速度恒定。在平坦的道路上,可以选择高速挡,这时张力轮会将链条移到一个小齿轮上。踏板转动一圈,后轮会旋转多圈,这样自行车可以行驶得更快。但是,上坡时如果选用高速挡,就需要很大的力气,所以此时应该选择低速挡(大齿轮)。这时,踏板每转一圈,自行车移动的距离较小,需要的力也较小。

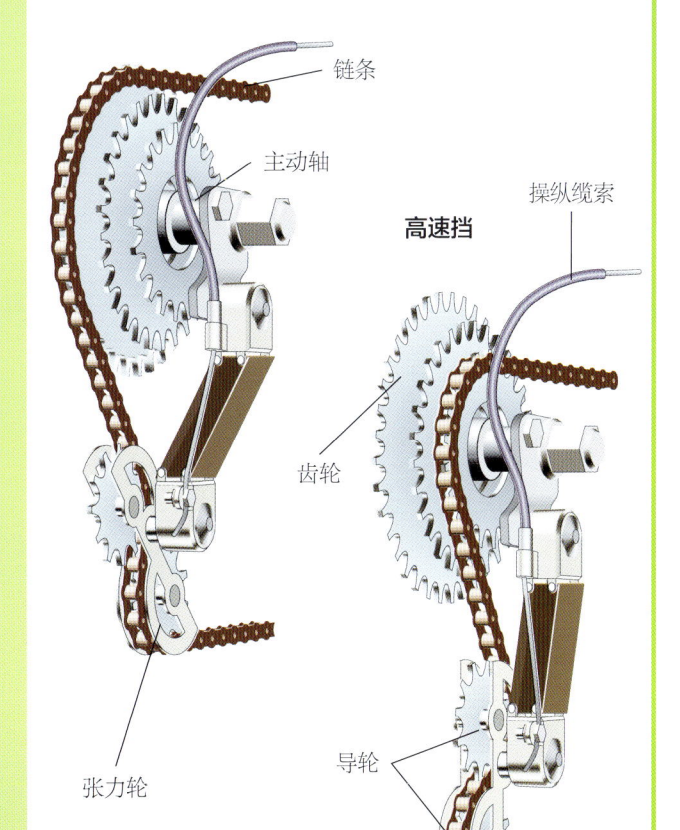

低速挡

链条
主动轴
操纵缆索

高速挡

齿轮

张力轮

导轮

21

工程和技术：水陆运输

行车，并做了改进。

自行车的轮子变得大小相等后，菱形车架也被发明了出来，后来又出现了充气轮胎。这些都是约翰·博伊德·邓洛普（John Boyd Dunlop，1840—1921）发明的。他还给儿子的三轮自行车安装了橡胶管。到20世纪，安全自行车已经成为标准的自行车设

自行车越野简称BMX。BMX运动使用的小轮车体积小、重量轻、速度快，适合展示空中特技和平衡技巧。

躺式自行车

虽然躺式自行车发明于20世纪30年代，但如今我们在大街上仍可以看到。在这种自行车的设计中，骑行者几乎相当于平躺着，双脚踩踏前行。躺式自行车属于流线型设计，与传统自行车相比，风阻要小。踏板位于自行车的前部，通过长长的链条与后轮相连。宽大的座椅和倾斜的骑行姿势使其成为一款舒适的自行车，适合长途旅行。但是，因其车身较矮，骑行者很难看清路况，也很难被其他车辆注意到。

超轻型自行车

物体在流体中移动时会产生曳力，从而使其减速。在世界级短程自行车比赛中，曳力可能是胜负的决定因素。顶尖的骑手有时会在风洞中练习很长时间，以改善自己的骑行姿势。如今，几乎所有短程自行车赛的顶尖选手都会选择超轻型自行车。这种自行车的车轮通常会被遮盖住。此外，泪珠状的安全帽也可以帮助骑手减少曳力，使前行之路尽可能畅通。

22

人力

计方案。之后，自行车的设计几乎没有再经历过较大的变化。

虽然自行车的基本形状始终如一，但人们还是尝试了各种细微的改变。例如，英国汽车设计师亚历克斯·莫尔顿（Alex Moulton）于1962年在自行车上添加了橡胶悬架，使其可以安装40厘米的微型车轮。这个微型车轮的效果不逊于常规自行车中较大的车轮。骑行者坐在主车架上方，上下车十分方便，并且占用的存储空间较小。还有一种类似的自行车，采用折叠的轻型车架，人们可以将其装入包里带到其他交通工具上。200多年前自行车诞生以来，相关技术一直在不断发展。骑自行车是一种比较环保的交通方式，不使用化石燃料，单单依靠人力即可。

道路和山地车

自行车的基本设计经历了很多修改，以适应不同的用途和条件。双人自行车可以由两个人一起骑，它的车架和齿轮传动链都比较长。山地车需要应对崎岖不平的地形，因此它的车架十分坚固，前后叉上装有减震器，可以在颠簸和坑洼处平稳行驶。遇到陡峭的斜坡和光滑的路面，很多人会用作用于车轮中心的盘式制动器来控制自行车。公路自行车主要为速度而设计，只能在平坦的道路上骑行，它采用小型的钳刹，车架很轻，这些都为了减轻自行车的重量。

双人自行车 — 两个车座

由链条连接的踏板

山地车

减震器

厚轮胎

公路自行车 — 平把

轻车架

窄轮胎

公路自行车的轮胎窄而光滑，在平坦的路面上骑行时可以减少曳力，但在崎岖泥泞的路面上很难行驶。山地自行车的轮胎宽，抓地好，适合所有地形，但会产生更大的曳力。

23

火车和轨道

铁路旅行历史悠久，最早的轨道建于 500 年前，用于在地下矿井中运输岩石。如今，运送乘客和货物的全球铁路网在地球上纵横交错。

最初的客运铁路靠的是马拉车，大规模的长途铁路运输则需要一种能够提供机械动力的机器——蒸汽机。英国工程师理查德·特里维希克（Richard Trevithick，1771—1833）发明了第一台在轨道上运行的蒸汽机车。1804 年 2 月，他设计的机车以大约 8 千米/时的速度，在长 14 千米的轨道上拉着 5 辆装有 10 吨铁的货车前行。车上还有大约 70 名参观者，他们在威尔士南部享受了一段奇妙的旅程。

特里维希克发明的机车很原始，但为未来的设计指明了方向。例如，它的车轮很

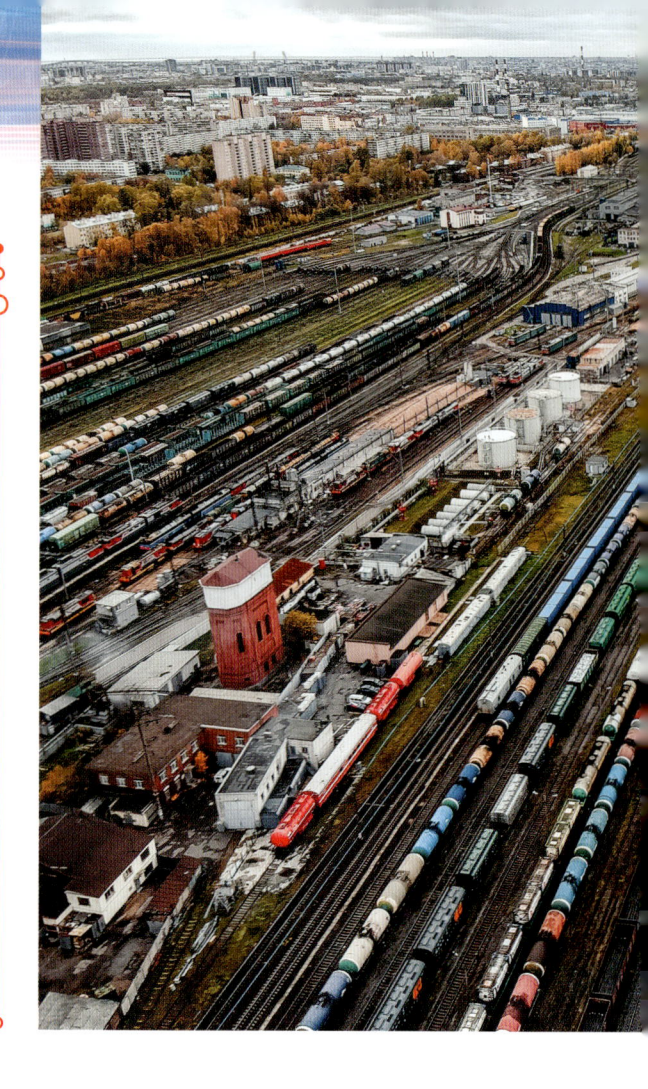

第一条铁路

铁路早在蒸汽火车出现之前就已存在。公元 1550 年左右，欧洲发明了矿井轨道。平行的轨道用于运送煤炭或矿石，拉车的大多数为马。最初，轨道用木头制成，后来铁条被固定在木制轨道上。1738 年，英格兰建造了第一条实心铁轨。1789 年，活动道岔被发明，货车可以从一条轨道转入另一条轨道。

轨道使货车更容易通过崎岖不平的矿井巷道。

火车和轨道

现代铁路是许多相关发明的集合。有人发明了机车，有人发明了驱动机车的发动机，还有人发明了控制机车在繁忙的铁路网上运行的方法。

光滑，但仍可以咬住铁轨，这令很多评论家十分惊讶。它还有一个高效的锅炉，可以产生高压蒸汽。这是引领铁路运输进入新时代的一项突破。以前，蒸汽机大而笨重、动力不足，而且最初的那些蒸汽机对于铁轨来说太重了，使得铁轨经常断裂，诱发撞车事故。正因如此当时人们没有立刻修建铁路。4年后，特里维希克修建了一条铁路来证明蒸汽的力量。他发明的蒸汽机车行驶于环形轨道上，任何胆大的人都可以在支付少量费用后乘坐。但是，这次试验以失败告终，特里维希克也破产了。

有轨电车

1775年，英国工程师约翰·乌特勒姆（John Outram）发明了有轨马车。这些车辆在铁轨上由两匹马拉着行驶。1832年，约翰·史蒂芬森（John Stephenson）在美国纽约建造了第一条市内轨道线路，仍由马来拉车。这条线路3年后被取消，主要问题是早期的铁轨从道路上隆起，阻碍了交通。1852年，法国工程师埃米尔·卢巴（Émile Loubat）找到了一种将铁轨嵌入路面的方法，并应用这项技术在纽约建造了第六大道线路。30年后，城市里到处都是有轨马车，人们需要更便宜、更清洁的替代品。1888年，工程师弗兰克·J.斯普拉格（Frank J. Sprague，1857—1934）在美国弗吉尼亚州里士满建造了第一条有轨电车线路。10年间，美国各大城市的有轨电车线路总长度达40000千米。

葡萄牙里斯本的黄色有轨电车自1901年开始一直运行至今，其中有些电车是木制的。

工程和技术：水陆运输

机车设计

乔治·斯蒂芬森（George Stephenson，1781—1848）和罗伯特·斯蒂芬森（Robert Stephenson，1803—1859）这对父子的很多决定都对铁路设计（包括当今大多数铁路轨距的设计）产生了持久影响。他们还有一项创新是蒸汽鼓风设计，它可以将废气通过狭窄的管道引到烟囱中。随后，空气被吸入，增加了炉内气流。这会使炉内的煤变得更热，从而提高了机车的功率和速度。

上图中，斯蒂芬森父子正在展示他们的"火箭号"机车，该机车于1829年开通首条客运线路。

相关信息

- 1435毫米的标准轨距是古罗马二轮战车的车轮宽度。如今，标准轨距的使用约占全球铁轨的60%。
- 有史以来最宽的轨道是英国工程师布律内尔（Isambard Kingdom Brunel，1806—1859）设计的2134毫米轨距。他想通过增加轨道宽度来提高机车高速行驶时的稳定性。
- 19世纪，铁轨被钢轨取代。20世纪50年代，轨道通过焊接形成很长的长度，机车行驶也更加平稳。
- 西伯利亚大铁路于1916年竣工，全长9250千米，是世界上最长的铁路。
- 1917年，全球铁路轨道长度约为160万千米。

除乘客外，连接英格兰利物浦和曼彻斯特的铁路也运送牲畜和沉重的货物。这条铁路是搭建在利物浦港口与曼彻斯特的工厂间的一座桥梁。

伟大的铁路先驱

第一批蒸汽机车定期往返于英格兰的利兹市和米德尔顿矿区，轨道短而窄。米德尔顿铁路建于1758年，用途是运输煤炭。在1812年之前，它一直用马拉车。1812年，英国工程师约翰·布伦金索普（John Blenkinsop，1783—1831）设计的机车开始

火车和轨道

铺设轨道

除了发明机车和轨道车，乔治·斯蒂芬森还建立了铁路建造标准。他认为应该把钢轨底座做好，倾斜度（坡度）应小于1%，这样早期的蒸汽机便能够拉动又长又重的火车。他还认为弯道的半径应该不小于0.8千米，以防脱轨。他的这些想法受到了全球各地工程师的追捧，他们都到英格兰参观学习。但是，乔治·斯蒂芬森的这些方法依赖于平坦笔直的轨道，对崎岖不平的地形并不适用。

英格兰利物浦和曼彻斯特之间的铁路横穿查特沼泽，将蒸汽技术带入了数百年未曾改变的农田。

用于拖运货物，偶尔载运乘客。尽管特里维希克已经使用过光滑的轨道，但布伦金索普发明的机车仍在齿轨上运行。不过，这引起了乔治·斯蒂芬森的注意，他坚信自己可以做得更好。

从1814年开始，乔治·斯蒂芬森建造了一系列机车，机车的设计也在逐步改进。

后来，他被任命为斯托克顿至达林顿铁路的建筑工程师。这条铁路于1825年完工，是第一条专门建造的蒸汽铁路，任何人都可以通过这条铁路运输货物，它的拥有权和使用权并不属于任何一家公司。这条铁路促进了一个更大项目的实施，即连接英国曼彻斯特和利物浦两座城市的铁路建设。乔治·斯蒂芬森负责监督这条铁路的建设。1829年，他凭借"火箭号"机车赢得了最佳发动机比赛。实际上，这辆机车主要由他的儿子罗伯特·斯蒂芬森设计，该机车采用了更强大的新型锅炉。

美国铁路

美国第一条蒸汽客运列车于1833年的圣诞节开通，连通了查尔斯顿和汉堡两座城市。轨道全长219千米，机车名为"查尔斯顿最好的朋友"。

27

> **工程和技术：水陆运输**

在美国，长途运输意味着铁路的建造成本必须低廉，枕木和T型槽导轨（所需金属比实心铁轨少）的发明使之成为可能。如果铁路需要翻山越岭，弯道会更加崎岖，坡度也会更大。美国巴尔的摩和俄亥俄州之间的铁路在穿越阿利根尼山脉时达到最高点，在27千米的路程中攀升了600米，坡

右图为长长的货运列车在加拿大落基山脉中蜿蜒前行。

蒸汽机车

在蒸汽机车中，燃料（木材、煤炭或石油）在驾驶室正前方的火箱中燃烧。火箱中的热空气和烟沿着管道通过锅炉（一个盛水的大水箱）到达烟囱。水开始沸腾，在汽包中形成蒸汽。高压蒸汽从汽包流向汽缸的两侧并驱动活塞。连杆将活塞与驱动轮连接起来。如果气压过大，蒸汽会通过安全阀逸出。驾驶室后面的煤水车用来存放燃料和水。

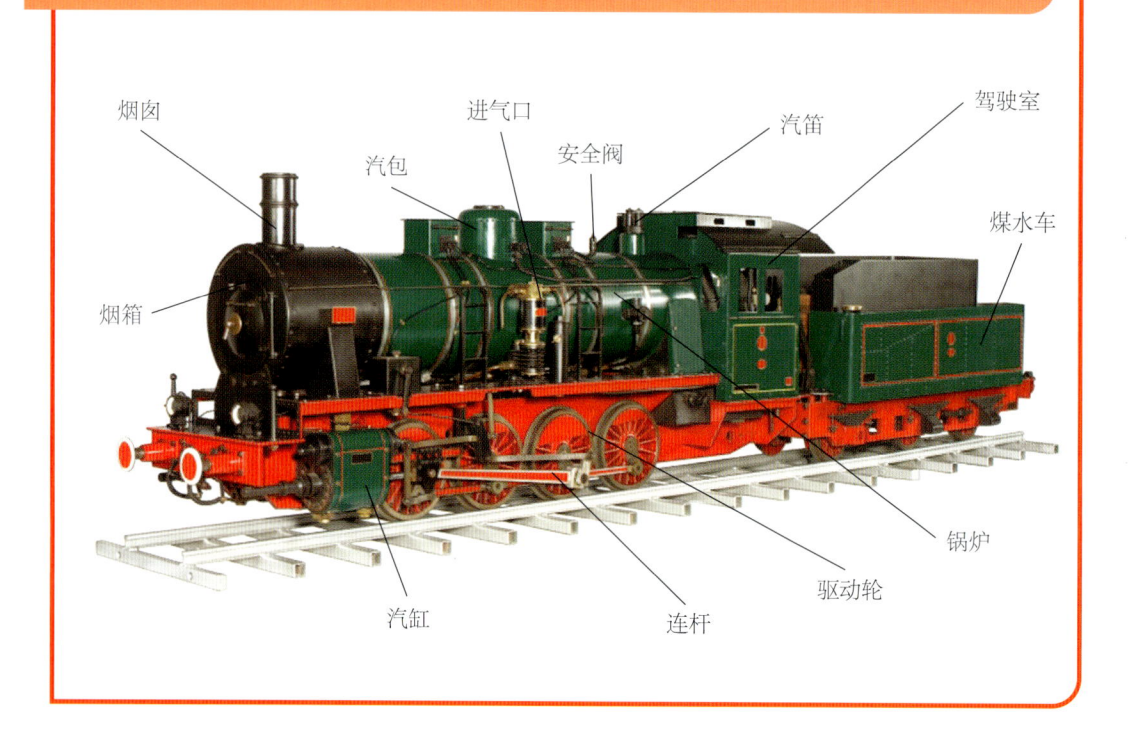

烟囱　汽包　进气口　安全阀　汽笛　驾驶室　煤水车　烟箱　锅炉　驱动轮　汽缸　连杆

火车和轨道

度超过2%。

为了适应这些条件，必须重新设计机车，因为如果使用英国早期的设计，机车会频繁脱轨。早期有一项创新，即使用旋转式导轮转向架将机车引至更狭窄的弯道。随

美国机车前面有一个犁状的排障器，用于驱赶轨道上的动物。

社会和发明

舒适的旅行

　　1838年，英国伦敦到兰开夏郡的火车上连接了世界上第一个卧铺车厢。1863年，美国巴尔的摩到费城的火车上增设了世界上第一个餐车。两年后，美国实业家乔治·M. 普尔曼（George M. Pullman，1831–1897）为自己设计的卧铺车厢申请了专利。1867年，他创立了普尔曼豪华客车公司，致力于打造豪华客车。带有拱形观景车厢的列车是俄国的发明，最早出现于1867年。

29

工程和技术：水陆运输

后，人们在客车和货车下面安装了四轮旋转式转向架。除此之外，还有很多创新促进了坚固、成本低廉且易于维护的铁路的诞生。

地铁和高架轨道

1863年，世界上第一条地铁在伦敦投入运营，它由蒸汽机驱动，目的是缓解城市的交通拥堵状况。投入运营的第一年，伦敦地铁就运送了1000万名乘客。高架轨道的出现，也缓解了街道的拥挤状况，而且它比地铁更容易建造。第一条城市高架轨道于

伦敦地铁每天的载客量达几十万甚至上百万人。

信号系统

现代铁路采用区间信号系统。1849年，纽约·伊利铁路公司首次使用此类信号系统。为了确保在前一列火车离开某一区间之前没有其他火车进入该区间，早期的操作方法是铁路信号工站在轨道旁边举起彩色旗帜或标志进行示意。1867年，托马斯·霍尔（Thomas Hall）发明了一种自动系统，使每个区间的一条轨道带有少量电流。当火车到达该区间时，电流通过车轮流向另一条轨道，信号因此发生变化。当火车离开该区间时，电流又被限制在原来那条轨道上，使信号继续切换。

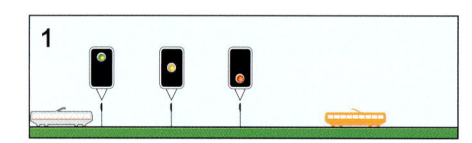

1 灰色列车面临的是绿色信号灯，驾驶员至少可以驶入接下来的两个区间。

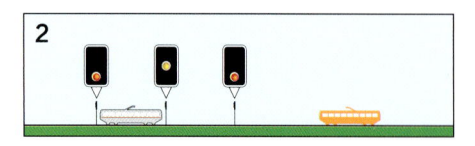

2 当灰色列车通过第一个信号灯时，这个灯变成红灯。下一个信号灯为黄灯，警告驾驶员接下来的信号灯将是红灯。

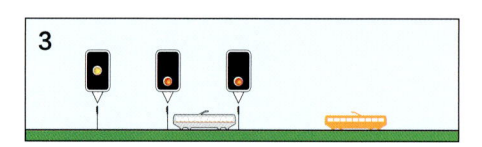

3 当灰色列车经过第二个信号灯时，这个灯变成红灯，第一个信号灯变成黄灯。由于有另外一辆列车在前方的区间，因此第三个信号灯为红灯，警告驾驶员停车。

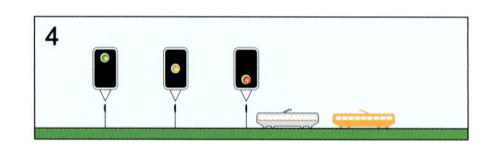

4 如果驾驶员误闯红灯，驾驶室会发出警报。这时由于前面的两个区间都已经没车了，所以第一个信号灯再次变为绿灯。

火车和轨道

科学词汇

电磁体：电流通过线圈时能产生磁场的装置。

悬浮：当向上的力等于重力时，物体飘浮在空中。

传动装置：将发动机产生的能量传递给车轮并驱动车轮转动的结构。

1893年在英国利物浦建成。

取代蒸汽机

1912年，普鲁士国家铁路公司制造了第一辆柴油机车。它令人很失望，因为机械传动装置无法很好地配合重型火车在地下行驶的牵引力。不过，同年，第一台柴电装置在瑞典建成。它使用柴油发动机发电，

一列地铁列车沿着高架轨道穿过荷兰海牙。建立这座高架轨道的目的是连接城市不同区域的老式电车和火车轨道。

爬坡

有三种交通工具可以将客车送上陡坡。

第一种是缆车。每辆缆车通过夹具安装在移动的缆索上。1867年，美国旧金山著名的缆车首次投入使用，它是由安德鲁·哈利迪（Andrew Hallidie，1836—1900）设计的。

第二种是缆索铁路。两个车厢分别固定在缆索的两端。一辆车上坡时，另一辆车下坡。坡顶的发动机控制缆索，但所需的动力很小，因为一上一下的两辆车几乎可以达到平衡。第一条缆索铁路建于1879年的意大利，目的是将游客送到维苏威火山上。

第三种，也是最普遍的一种，是齿轨铁路。车轮和轨道上具有相互啮合的轮齿。它最初是由瑞士发明家尼克劳斯·里根巴赫（Niklaus Riggenbach，1817—1899）于1862年发明的，可以攀爬坡度约6%的坡。经过改善后，它可以被建在陡峭的斜坡上。

上图是匈牙利首都布达佩斯的一条缆索铁路，它会将游客送到城堡山上。

工程和技术：水陆运输

来为机车提供动力。它最终取代了蒸汽机，因为它具有高速、低油耗和低维护成本的特点。1940年，美国圣达非成为世界上第一个开始提供定期柴电货运服务的城市。

具有机械传动装置的柴油机已经成功用于轻型有轨机车中，这种交通工具集动力和客运为一身。此外，柴油液压系统也得以开发，尤其是在德国。在这些机车中，柴油发动机产生液压，使涡轮旋转以驱动车轮。

很多通勤线路都使用柴电火车。发动机产生的电力不仅用来驱动火车，还为车门、电灯和制动器提供动力。

蒸汽的替代品

1839年，一辆由电池供电的实验机车在美国试运行。但是，第一辆真正取得成功的电力机车出现在1879年夏天的柏林博览会上。它由德国工程师维尔纳·冯·西门子（Werner von Siemens，1816—1892）和约翰·格奥尔格·哈尔斯克（Johann Georg Halske，1814—1890）开发。这种电动火车具有实用性。1881年，德国开设了一条市内电车轨道。1884年，爱尔兰也有了一条不长的电气铁路。1890年，伦敦地铁系统开始使用电力机车。

号称"大鳄鱼"的电力机车

朝向两个方向的驾驶室

未使用的受电弓

受电弓与上方的供电系统相连

朝向两个方向的驾驶室

火车和轨道

集中控制

不同火车使用同一条轨道时，会用到区间信号。不过，现代铁路网也使用调度集中控制系统。控制中心的显示屏上会显示每辆列车的位置及每个信号的颜色。滚动区间信号也是一个创新。轨道旁边没有信号，相关信息会显示在驾驶室中。这对繁忙的网络来说很有用，例如地铁系统。

相关信息

下表列出了拥有较长铁路线路的几个国家，以及它们铺设第一条轨道的时间。

国家	年份	长度（截至2020年）	轨距
美国	1830	250000千米	1435毫米
中国	1880	146300千米	1435毫米
俄罗斯	1837	85600千米	1524毫米
印度	1853	69400千米	1676毫米/1000毫米
加拿大	1836	64000千米	1435毫米
德国	1854	40600千米	1435毫米/1067毫米
澳大利亚	1845	38400千米	1435毫米
巴西	1835	37700千米	1435毫米
阿根廷	1857	37000千米	1676毫米/1000毫米
法国	1832	29300千米	1435毫米

工程和技术：水陆运输

高速列车

法国的TGV高速列车目前是世界上最快的轮式列车。2007年，TGV高速列车的速度达到了574.8千米/时。这种列车由电力驱动，通过受电弓从架空电缆处获得电力。金属受电弓向上伸展，接触电缆，并充当导体，使电流通过电缆传递到列车上。高速列车具有强大的电动机驱动车轮。通风孔可以使电动机保持冷却。车轮安装在旋转式转向架上，弹簧悬挂装置可以确保列车平稳行驶。典型的列车有8个旅客车厢，列车的两端分别与一个电动机组相连。

支撑线　活线　受电弓　桥塔

旅客车厢

动力车

高速轨道的线间距很大，这样可以为列车快速在空气中穿梭时产生的巨大冲击波预留空间。

货运系统

更近一些的发明集中在货运、安全和高速列车上。20世纪下半叶，因为公路的修建，很多人不再依靠铁路出行。铁路行业引入平车运输和集装箱服务作为新的业务。用铁路运输集装箱，使货物在不离开集装箱的情况下被从船上运到火车上，再被运到卡车上。平车运输服务可以运送卡车及车上的货物，在需要长途运输的国家十分重要。

卡车从铁路终点站驶向最终的目的地。计划路线并监控进度的计算机系统可加快货运处理速度，最大限度地降低成本并提高运送速度。

高速列车

航空业的发展在某种程度上激励了高速列车的发展。1964年，电动"子弹头列车"在日本问世。日本的高速列车能够以257千米/时的速度运行。法国发明了燃气涡轮发动机，这种发动机用热气驱动涡轮机，由此发电。有时，这种发动机也可直接驱动车轮。但是，由于油价高，这种发动机并不

火车和轨道

磁悬浮

1 悬浮 固定在列车之外的电磁体位于悬轨下方。接通电源后，因为列车的重量，电磁体会受到吸引，向上移动，但不足以接触轨道。这会使列车悬浮在轨道上方。

2 推进 列车下方装有直线电动机。它由一排电磁体（直线电动机线圈）组成，可以在两极之间切换（如右图红色和蓝色所示），沿列车行进方向产生磁场。这会在反应轨中产生一个沿轨道中心延伸的磁场。两个波动的磁场相互作用，驱动列车向前行驶。

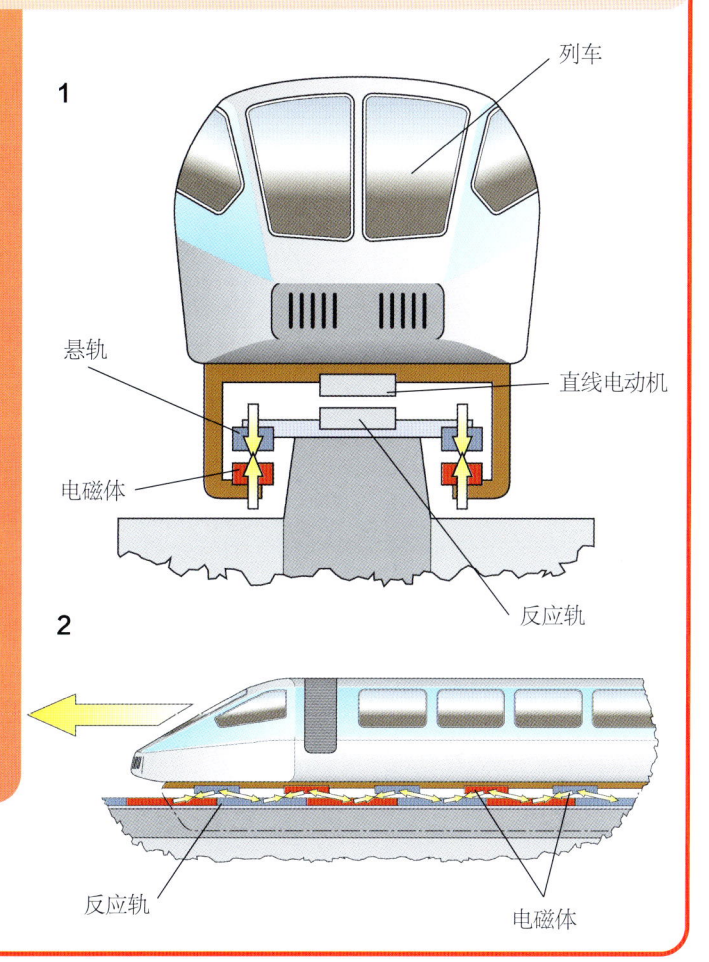

经济实惠。法国的成功体现在 TGV 高速列车的应用方面。它是一种永久耦合的轻型列车，在专门建造的轨道上行驶。

磁悬浮列车

　　在单个中央轨道上运行的列车被称为"单轨列车"。单轨磁悬浮列车是目前最快的一种机车。磁悬浮列车没有车轮，悬浮在轨道上方，因此可以达到很高的速度。记录显示，最快的磁悬浮列车产自日本，2017年，其速度达到603千米/时。

磁悬浮列车不仅是铁路技术的根本性突破，更是现在交通工具的典范。

如果太多的人想同时前往同一地点，那么即使是现代道路也会出现拥堵。

公路车辆

100多年前，以汽油为动力的车辆就已经上路了，但最早的公路车辆却远远早于此。它们之间不同的是后者是由蒸汽驱动的。

1769年，尼古拉斯-约瑟夫·屈尼奥（Nicolas-Joseph Cugnot，1725—1804）制造了一辆三轮蒸汽车，这是世界上第一辆自行式公路车辆。它体积巨大，可谓"成败参半"。当时，蒸汽工程师都专注于制造铁路机车或强大的固定式发动机。不过，屈尼奥的发明给了其他人启发，人们开始研发适合公路车辆的小型蒸汽机。

18世纪90年代，美国人内森·里德（Nathan Read，1759—1849）和阿波罗·金斯利（Apollo Kinsley）都发明了蒸汽车。1800年，巴黎出现了蒸汽巴士，但持续的时间很短。英格兰康沃尔郡的采矿工程师理查德·特里维希克制造了一台直径3米并带有驱动轮的机器。不过，特里维希克认为，铁路在交通运输领域拥有更好的前景，所以

蒸汽车

早期的蒸汽车太大，无法用于交通运输。1769年，法国军事工程师尼古拉斯-约瑟夫·屈尼奥成功地制造了三轮蒸汽车，并在巴黎进行了展示。它的速度比步行还慢，最后还撞了墙，且仅15分钟蒸汽就全部耗尽了。后来军队订购了一辆改进版的蒸汽车，用来拉大炮，但从未真正使用过。

在屈尼奥发明的三轮蒸汽车上，锅炉位于前部，是一个很大的金属容器。锅炉最后撞到了墙上，这可以说是世界上第一起车祸。

公路车辆

他没有继续研究下去。但后来，城市街道又有了蒸汽车的身影。

19世纪70年代，苏格兰格拉斯哥用上了第一台实用的蒸汽卡车。1892年，巴黎也出现了蒸汽卡车。有些酿酒厂和煤炭商人会使用蒸汽卡车，这种情况一直持续到20世纪20年代。不过，蒸汽动力真正以早期牵引车的形式崭露头角还是在农村，具体用于农业和重载牵引。19世纪后期，使用蒸汽牵引车成为人们熟悉的景象，尤其是在北美平坦的大草原上，它们为早期的农业机械提供动力。在很多国家，蒸汽牵引车成为当时大型巡回马戏团的标志。这些车白天拉演员，晚上拉旋转木马。

奔驰造车

德国有两位发明家对现代汽车的发明至关重要，他们是戈特利布·戴姆勒（Gottlieb Daimler，1834—1900）和卡尔·奔驰（Karl Benz，1844—1929）。最开始，他们两人对四轮车不感兴趣。戴姆勒将他发明的原型发动机装在了摩托车上。奔驰决定设计三轮车，他最终制造出了目前公认的第一辆真正的汽车。

与戴姆勒一样，奔驰最开始也是固定式燃气发动机制造商。他的先进设计十分成功，他的生意也蒸蒸日上，因此当他宣布要投资制造汽车时，他的同伴十分震惊。然而，奔驰已经下定决心，并且很快就改装了一台以苯为燃料的发动机。他只需要把这台发动机装到车上。他认为，3个车轮可以提高稳定性和简便性。他还借鉴了自行车制造技术来减轻车的重量。

1886年，奔驰制造了一辆体型较长、

公共交通工具

沃尔特·汉考克（Walter Hancock，1799—1852）尝试使用新的蒸汽车替代伦敦街头的马拉式公交车。从1831年开始，他制造了9辆引人注目的公交车，公交车可以安装22个座位，速度达到32千米/时。他发明的公交车被称为"企业号"公交车。在制造车辆的过程中，一名工程师因锅炉爆炸受惊而死。后来蒸汽车的道路通行费增加了，汉考克于1836年被迫停业。

沃尔特·汉考克的"企业号"公交车驶过伦敦一处公园，吸引了很多围观者。

工程和技术：水陆运输

戴姆勒摩托车

19世纪六七十年代，随着蒸汽机越来越小，很多国家都设计了轻型蒸汽车。1868年，有一项实验甚至试图用当时一种简单的脚踏自行车来制造蒸汽摩托车。不过，世界上第一辆摩托车是由戈特利布·戴姆勒于1885年制造的。整个19世纪，发明家都在努力开发一种有效的内燃机。戴姆勒制造了一种以汽油为燃料的发动机，需要一辆车进行测试。他制造了一辆简单的木制摩托车，后来他将发动机安装在中间并驱动后轮。他还增加了可以降低的小型护翼轮，使整体保持平稳。这辆摩托车没有悬架和耐用的钢圈车轮，所以骑起来有些困难，但仍然很令人兴奋。不久后，戴姆勒放弃了设计摩托车，而将注意力转移到了汽车上，并在这个领域取得了更大的成功。

早期带有烟囱的蒸汽车就像一辆小型的铁路机车，只不过它有4个轮子。

坐起来不太舒服的车，但效果很好，而且十分可靠，可以连续行驶数千米。奔驰不断改进设计，并开始向公众出售汽车。汽车工业就此诞生了。

快速发展

生产汽车之风迅速席卷了其他国家，汽车的设计也得到了迅速发展。1895年是一个特殊的转折点。这一年，第一台具有全封闭发动机和车身的汽车面世，它就是法国制造的"庞阿尔-勒瓦索尔"（Panhard-Levassor）。同年，人们发明了世界上第一个制动蹄及第一个直接传动轴系统。

1895年，商用车问世。第一辆由汽油驱动的公交车在德国北莱茵兰德投入使用，行驶线路长达15千米。第一辆装有汽油发动机的面包车很快投入生产。第一辆装有汽油发动机的卡车原型在巴黎试运行。随

公路车辆

早期汽车

早期汽车的发明离不开马车。实际上，很多汽车都只是把马车中的马换成了发动机，这就是它们最初被称为"无马车"的一个原因。即使是特制汽车，通常也是由传统的马车制造商制造的，因此它们和马车一样，拥有大大的车轮、独特的车身和较高的座椅。最初的汽车车轮较轻，速度较慢，所以人们可以在汽车中间的立柱上装一个小型舵柄，用来控制行驶方向。开车的人必须用转向管柱上的操纵杆或旁边的控制器不断调整发动机的挡位。汽车的速度通过前后移动操纵杆来控制。早期汽车没有刹车踏板，只有一个手刹。手刹将制动衬块紧紧夹在轮辋上（就像现代的自行车制动器一样），或者用皮带拉紧车轴。体力较弱的司机拉不动制动杆，没有办法让快速行驶的汽车停下来。早期汽车车轮通常是有辐条的自行车车轮或由装有木质辐条和实心橡胶轮圈的马车车轮改装的沉重车轮。到1895年，很多汽车开始使用充气轮胎，人们乘坐起来更加舒适，不过充气轮胎经常爆胎。第一个由压制钢做成的车轮于1910年问世。转弯时，外侧的轮子必须比内侧的轮子转得快得多，因此，后轴上的差速器早在1886年奔驰发明的两座三轮车上就已经采用了。很多早期汽车都将发动机产生的动力通过链条或皮带传递给车轮。1895年，法国的雷诺公司率先提出了将刚性金属传动轴连接到万向节的想法，动力因此可以向任何方向传递。这个系统今天仍在使用。

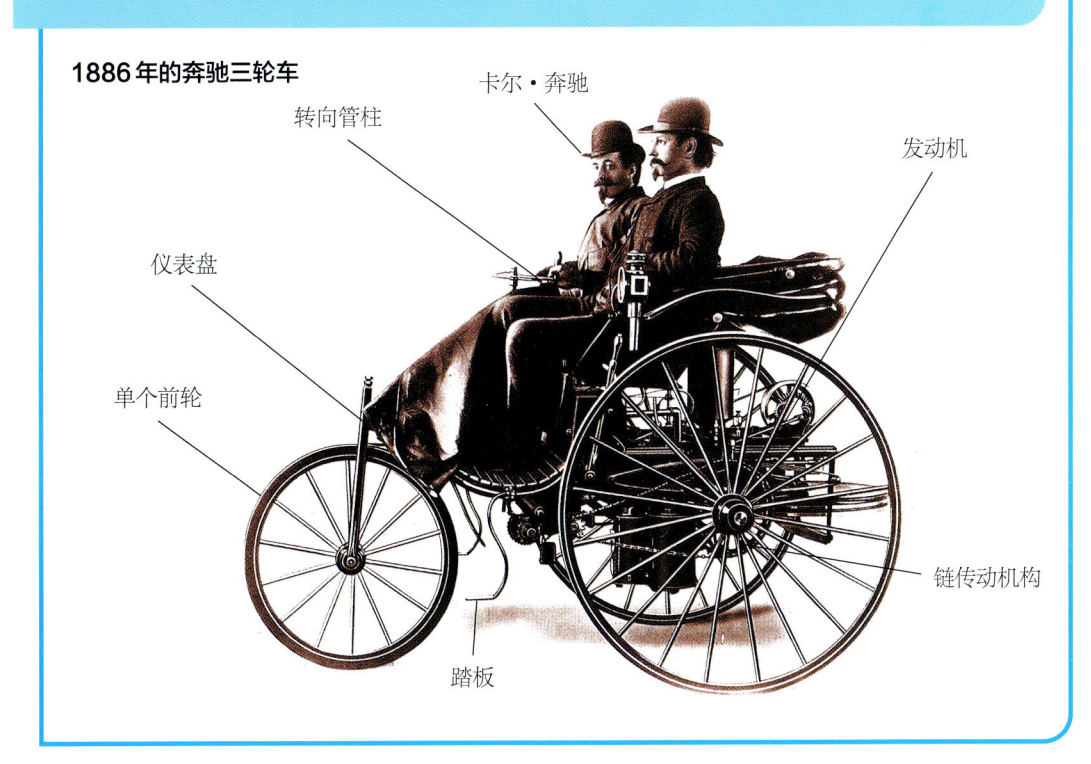

1886年的奔驰三轮车

转向管柱
卡尔·奔驰
发动机
仪表盘
单个前轮
链传动机构
踏板

39

工程和技术：水陆运输

赛车摩托

比赛用的超级摩托车达到了摩托车设计的巅峰。这种摩托车通过电子打火启动发动机，而普通的摩托车采用脚蹬启动。摩托车的发动机和汽车发动机类似，不过体积更小，燃料在汽缸内燃烧，向下推动活塞，继而驱动曲轴旋转。链传动机构通过变速箱将发动机产生的动力传递给后轮。发动机通过散热器及在汽缸周围循环流动的液体冷却。散热器吸入空气冷却液体。燃烧产生的炽热气体则通过排气管排出。

骑手通过制动手柄和踏板刹车，右手把上的油门用来控制速度，左手把用来控制离合器（使发动机与变速箱连接或分离的装置）。摩托车采用的是盘式制动器。骑手所穿的防护服由坚硬的皮革制成，背部有额外的防护设计。如果发生意外，防护服可使骑手在地面上滑行并逐渐减速，避免造成严重的损伤。头盔则可起到保护骑手头部的作用。

背部防护设计　头盔　风挡　车座　链传动机构　排气管　发动机　盘式制动器

公路车辆

后，还有很多其他改进，比如：1903年发明的挡风玻璃、1905年发明的挡泥板、1906年发明的后视镜等。当时，私家车仍然是富人的专享，但1913年亨利·福特（Henry Ford，1863—1947）的量产车改变了这种状况。

从制动手柄到盘式制动器

成千上万的小发明不断涌现，汽车也因此变得更强大、更舒适、更易于控制。例如，与早期相比，制动器发生了巨大的变化。早期的汽车没有制动踏板，只有一个制

首批公路车辆中有很多都是标致和雷诺等法国公司制造的。这些制造商如今仍在生产汽车。

充气轮胎

第一辆充气轮胎汽车是装有四马力戴姆勒发动机的法国标致汽车。这辆车参加了1895年的巴黎—波尔多折返赛。比赛全程1200千米，必须更换22次轮胎，每个轮胎都用了20个螺母和螺栓。它的驾驶者爱德华·米其林（Edouard Michelin）后来创立了米其林轮胎公司并大获成功。

车上应该放一个千斤顶。千斤顶是一种简单的起重装置，利用杠杆原理将汽车和轮胎抬离地面，以方便人们在轮胎损坏时进行更换操作。

谁发明了汽车

究竟是谁发明了汽车？人们对这个问题一直争论不休。有人说是比利时人艾蒂安·勒努瓦（Étienne Lenoir）发明的，他早在1862年就驾驶过燃气发动机四轮车；还有人说是奥地利人西格弗里德·马库斯（Siegfried Marcus）发明的，他大约在1870年把发动机安装到了手推车上。当然，也有一些人认为是法国人爱德华·德拉梅特-德布特维尔（Edouard Delamere-Deboutteville）发明的。1883年，他尝试将汽油发动机安装在两个不同的底盘上，结果它们都承受不住。然而，德国工程师卡尔·奔驰才是第一个用内燃机造车并将其商业化的人。

41

在现代化的生产线上，汽车车身主要由机器人组装。之后，工人安装发动机和许多其他小部件。

相关信息

- 在英国，汽车刚刚出现时，它和蒸汽车适用相同的规则。也就是说，必须有人举着红旗走在前面，确保汽车的速度保持7.2千米/时。
- 英文中"仪表板"（dashboard）一词源自马车，意思是马车夫前面有一块板子（board），以防止自己被马蹄踢起的石头"击中"（dash）。
- 第一辆用于竞选的汽车是1896年10月美国民主党总统候选人威廉·詹宁斯·布赖恩（William Jennings Bryan）使用的米勒-奔驰汽车。
- 到1913年，美国已成为第一个拥有超过100万辆汽车的国家。
- 根据目前的估计，全球有10.6亿辆客运汽车，以及3.63亿辆卡车和公交车。

动杆。制动器通常就是压在车轮轮辋上的垫块。制动器是否能让车停下来取决于司机的力量。20世纪初，脚踏鼓式制动器成为行业标准。制动垫块采用半圆形的制动蹄，固定在每个车轮内侧的制动鼓内。制动鼓不会沾雨或泥。制动器需要定期调整才能保持在每个车轮上的压力相等。

制动系统

到20世纪30年代，汽车越来越快、越来越重，驾驶员需要更多的帮助来控制汽车，尤其是让车停下来。工程师找到了一种解决方法，他们发明了液压制动系统。刹车踏板和制动系统通过油管而不是金属电缆连接。

但是，到了20世纪50年代，汽车的速度和重量再次超过了制动系统的承受能力。动力制动系统作为一种解决方案被设计出来。制动系统仍然是液压的，但是由真空系统提供动力，而不仅依靠在制动踏板上施加力。

20世纪70年代，盘式制动器开始取代鼓式制动器。通常盘式制动器只安装在前轮

公路车辆

亨利·福特和 T 型车

1903 年 6 月，商人亨利·福特成立了福特汽车公司。起初，他按照常规的手工打造方式制造汽车，成本十分高昂。当年，全球的汽车总产量不到 6.2 万辆，其中近一半是在法国制造的。1908 年，福特提出了使其大获成功的革命性方法，即标准化生产，制造了著名的 T 型车。这种车简化了零部件的使用。为了降低成本，生产线上的每个工人只负责一项任务。从 1908 年到 1927 年，福特共生产了 1500 万辆 T 型车，相当于每周大约生产 1.4 万多辆。到 1920 年，全球几乎一半的汽车都是福特汽车。

众所周知，亨利·福特说过这样一句话："不管顾客需要什么颜色的汽车，我只生产黑色的。"

社会和发明

汽车的普及

汽车是 20 世纪变革的一个最大驱动力。它所带来的流动性已经影响到人们生活的方方面面，包括人们在哪里居住、在哪里工作、去哪里购物、到哪里休闲。结果，人们拥有了更多的选择和自由，但是流动性的提高可能意味着集体意识的下降。人们在生活中划分了不同的区域，例如单独的生活区、工作区、购物区等。同时，人们对汽车的需求从根本上改变了环境。交通量持续增加，道路越建越多，停车位也越来越多，汽油和柴油燃烧造成的污染愈发严重。

1916 年，亚瑟·黑尔（Arthur Hale）发明了首蓿叶式立体交叉道，司机可以从一条公路驶向另一条公路，中间不必停车。类似的立交桥占地较大，但汽车可以持续行驶。

43

工程和技术：水陆运输

防抱死制动系统（ABS）

在交通中的紧急情况下，人们的自然反应是把脚牢牢地踩在制动踏板上并保持不动。这会锁死车轮，使汽车打滑。汽车可以停下来，但是最好的减速方式是使轮胎抓地，提高轮胎与路面之间的摩擦力。一旦车轮打滑，这种抓地力就会消失。20世纪70年代，德国博世公司开发了防抱死制动系统来解决这个问题。在防抱死制动系统中，每个车轮上安装的传感器会将信息发送给计算机。如果计算机检测到车轮被锁死，会发出指令，每秒重新激活制动器多达15次。这时，驾驶员仍然可以操控汽车，从而绕过障碍物继续行驶。

上，后轮上安装的还是鼓式制动器。盘式制动器早在1902年就被发明出来了，但是其制造成本过于高昂。到了20世纪70年代，盘式制动器已经成为汽车可靠且必不可少的部件。

未来的汽车

现在及未来的汽车创新都离不开防抱死制动系统，因为它是第一个将计算机安装到汽车中的重大发明。未来有两件事可能会给汽车带来巨大变革，即新能源的使用和车载计算机的应用。现在，大多数汽车都具有牵引力控制功能，这也是一种信息技术，可在汽车加速时防止车轮打滑。不过，要想窥探更多的未来前景，也许我们应该看一看赛车。

社会和发明

国民汽车

大众甲壳虫是世界上最知名、最受欢迎的车型之一，它充分说明了政治和社会对技术的重大影响。1938年，大众汽车在德国上市，这是一款为普通人设计的低成本、批量生产的汽车。德国政府成立了大众汽车公司，德国的高速公路系统也在建设当中，后来成为现代高速公路的典范。第二次世界大战后，美国的一个广告活动因这款车的形状而给它起名为"甲壳虫"。

最初设计的大众甲壳虫已不再生产，但车迷们还保留着这款经典汽车，并驾驶它参加比赛。

公路车辆

车轮安装之前的制动系统。

很多现代高性能汽车的制动器都能从外面看到。

制动压力

汽车的制动踏板通过油管与制动器相连。踩下踏板，活塞移动，向制动液施加压力。这一压力会被传递给制动器。根据液压原理，系统会立即在左右制动器上施加相等的压力。当液体处于密闭容器中时，液体中各处的压力始终相等。如果你在一端给液体施加压力，力会立即传递到另一端。由于汽车的制动器是相互连接的，因此它们形成了一个"容器"，每一侧的压力始终相同，这是一个很重要的安全考虑。

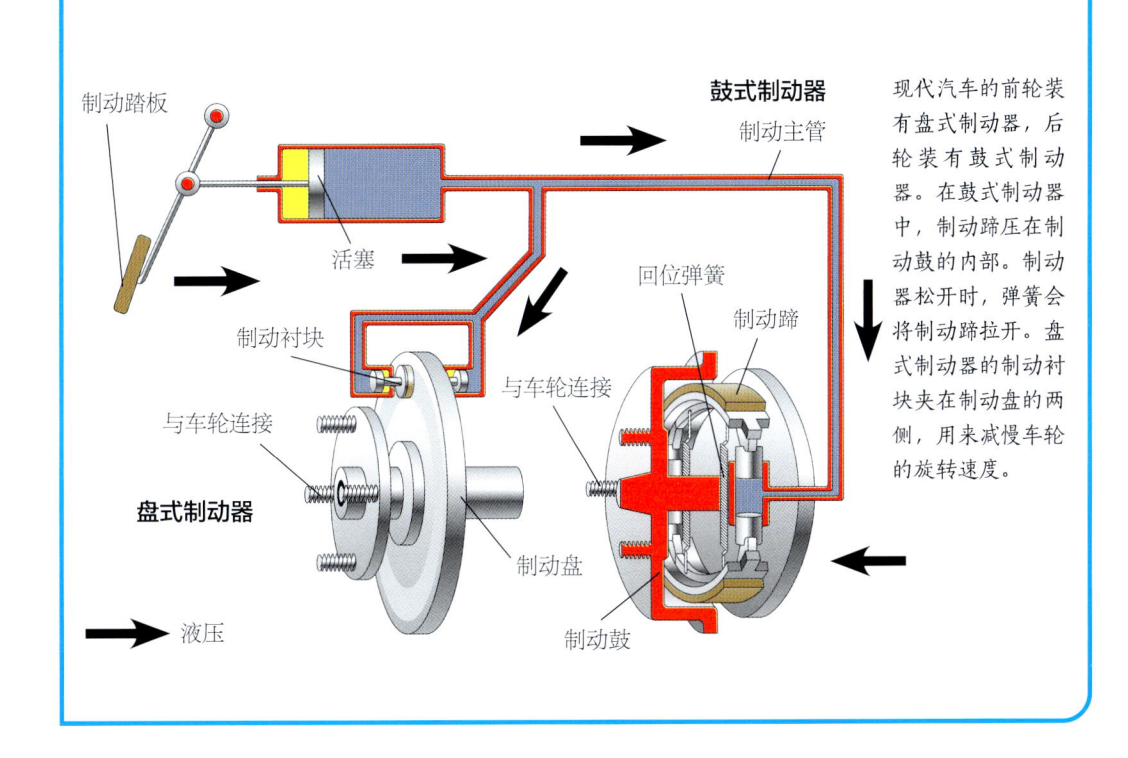

现代汽车的前轮装有盘式制动器，后轮装有鼓式制动器。在鼓式制动器中，制动蹄压在制动鼓的内部。制动器松开时，弹簧会将制动蹄拉开。盘式制动器的制动衬块夹在制动盘的两侧，用来减慢车轮的旋转速度。

- 制动踏板
- 活塞
- 制动衬块
- 与车轮连接
- 盘式制动器
- 液压
- 鼓式制动器
- 制动主管
- 回位弹簧
- 制动蹄
- 与车轮连接
- 制动盘
- 制动鼓

45

工程和技术：水陆运输

世界一级方程式赛车的速度差不多为320千米/时。以这个速度行驶，如果没有尾翼，赛车就会离开地面。尾翼的作用是使赛车保持在轨道上行驶。

自动驾驶汽车

下一代汽车可能完全不需要驾驶员。随着全球定位系统（GPS）、传感器和计算机的不断发展进步，自动驾驶汽车将可以在农村和城市的道路上自由行驶。自动驾驶汽车的问题不在于技术，而在于道德。如果自动驾驶汽车为了避免与卡车相撞，而转向驶入公交车站候车亭，导致无辜的人死亡或受伤，那么这应该由谁负责呢？这仍然是一个悬而未决的问题。

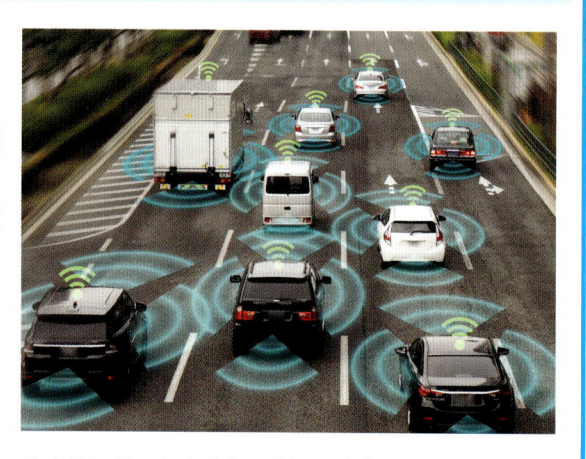

通过将传感器与全球定位系统及计算机结合起来，自动驾驶汽车从技术上讲完全能够适应交通系统。

电动汽车

随着石油钻探成本的上升，以及燃烧化石燃料对气候变化的影响越来越明显，汽车制造商正在寻求替代燃料。氢气是一种可能的替代燃料。氢气燃烧时，会与空气中的氧气结合形成水蒸气，同时产生能量。尽管人们测试过氢能源汽车，但这种气体难以控制，存在安全隐患，因此给氢能源汽车添加燃料有潜在的危险。

人们认为，由可充电电池供电的电动汽车是未来汽车的主要发展方向。这种汽车效率高、加速快、噪声小。很多国家已经决定，在未来20年内逐步淘汰以汽油或柴油为燃料的汽车。电动汽车的销量正在稳步增长。但是，电动汽车也存在不少问题，比如续航里程及充电时间的问题。还有就是，大多数地区的充电站数量非常有限。此外，锂离子电池的质量一直都在提高，但在延长续航里程上面还没有太大的飞跃。

如今，道路上的很多电动汽车都是混合动力车。它们使用油电混合动力，即化石燃料和电能的混合。但是，这并不能消除汽车对化石燃料的需求。

公路车辆

47

工程和技术：水陆运输

拉力赛赛车

这款丰田卡罗拉拉力赛赛车可以参加长距离、地形崎岖的比赛。它也许是常规汽车设计的终极目标。该车副驾驶座椅后面的电池为四冲程发动机供电，并为电子系统供电，例如灯、雨刷和燃油喷射系统。踩下油门后，喷油器将燃料与空气混合在一起，并通过压力将其直接泵到汽车的汽缸中。火花将燃料点燃，活塞开始在汽缸中上下运动。连杆转动曲轴，曲轴将能量传递给汽车的变速器，从而驱动车轮转动。变速器由排挡组成，通过液压换挡改变挡位，同时改变发动机的速度和扭矩。涡轮增压器可以增加发动机的动力，它由废气驱动。燃烧产生的气体从排气系统排出。大多数汽车都装有催化转化器，它可以分解大部分有害污染物。发动机经水冷却。水在汽缸周围循环，然后通过散热器散发热量。

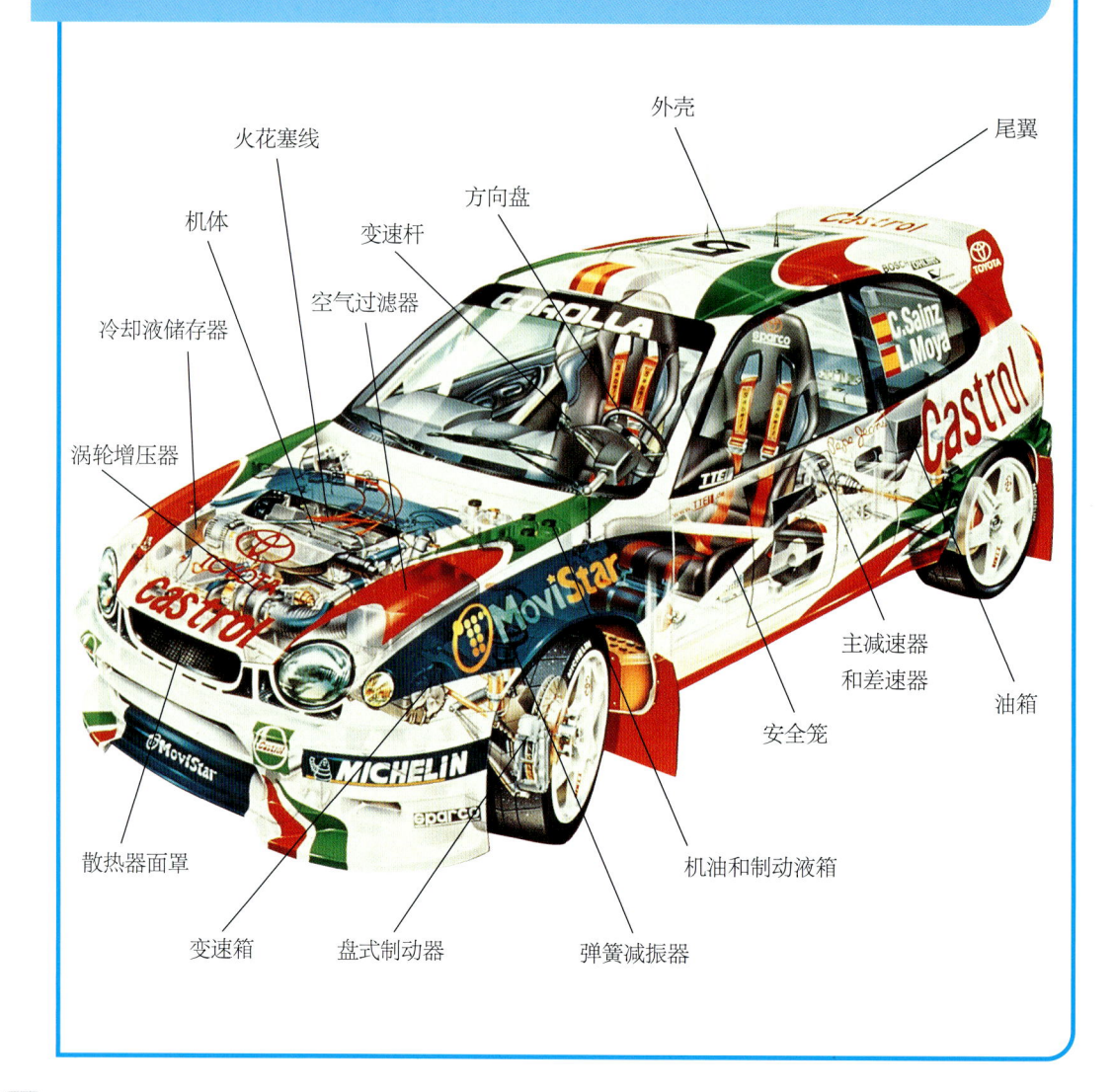

火花塞线
外壳
尾翼
机体
方向盘
变速杆
冷却液储存器
空气过滤器
涡轮增压器
主减速器和差速器
油箱
安全笼
散热器面罩
机油和制动液箱
变速箱
盘式制动器
弹簧减振器

48

公路车辆

各种类型的电动滑板车出现在世界各大城市的街道上。人们认为，这是市区内一种清洁、便捷和廉价的短程出行工具。

外，信息技术也被用来实现其他功能。全自动变速箱可以自动切换合适的挡位。

在世界一级方程式锦标赛中，以计算机为核心的牵引力控制系统可以在赛车加速时自动防止车轮打滑，而四轮转向系统（后轮和前轮同时旋转）有助于提高稳定性。此外，车载计算机还会存储每一圈的行驶信息。赛车会监控时间和转弯速度，以便监控每个挡位、加速点、制动力和悬架运动的变化，帮助赛车手以最快的速度完成一圈。

几乎每个赛季，参加世界一级方程式锦标赛的赛车的技术规格和规定都会发生变化。工程师在保持赛车动力的前提下不断开发更清洁的发动机。世界一级方程式锦标赛赛车计划到2030年实现碳中和。

高科技赛车

20世纪90年代，世界一级方程式赛车中的跑车达到了很高的工程学水平。它们拥有防抱死制动系统和牵引力控制系统。此

技术带来改变

如今，大多数汽车都装有高精尖的高科技电子产品和计算机控制系统。例如，近年来因为卫星导航地图等数字技术的出现，驾驶员能看到的信息还在悄然变革。汽车保留了速度表、燃油表和转速表的表盘显示功能，因为这样驾驶员一眼就能看到各种变化。立体声音响、空调等其他功能也可以通过触摸屏进行控制。

导航系统可以接收卫星信号，确定汽车的位置。然后，计算机会计算出到达目的地的最佳行驶路线。

49

船舶

人们乘船的历史已有数千年。在整个人类历史中，船舶对文明传播起到了极为重要的作用。

我们无从得知人们第一次使用船是在什么时候，但是众所周知，澳大利亚土著人的祖先至少在5万年前就乘船到达了澳大利亚。我们还知道，大约在同一时间，太平洋岛屿上也出现了人类的身影，这说明他们一定拥有可以远洋航行的船。大约1.4万年前，最早到达美洲的人类可能是沿西海岸航行的。

古代人可能是看到木头顺流而下才想到把它们做成木筏，后来又将原木挖空做成独木舟的。此外，他们还可以在轻木架上蒙上兽皮，用皮带把它们绑在一起做成船。人

独木舟

现在已知的最古老的船残骸大约有8000年的历史。这些被挖空的原木可以用杆或桨推动并控制。独木舟的发明使人们可以穿过平静的水域，探索新的大陆。

上图为用树干直接支撑的简易独木舟。

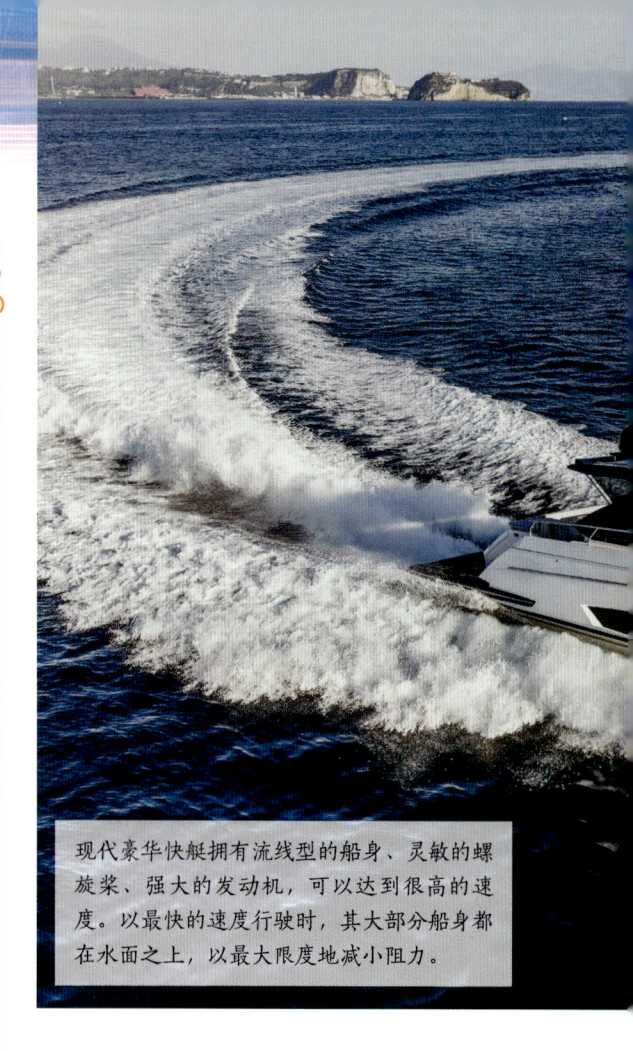

现代豪华快艇拥有流线型的船身、灵敏的螺旋桨、强大的发动机，可以达到很高的速度。以最快的速度行驶时，其大部分船身都在水面之上，以最大限度地减小阻力。

们在波罗的海的菲英岛上发现了一只兽皮船，大约可以追溯到公元前4500年左右。兽皮船比独木舟轻，一个人就可以搬动，更容易操作，而且可以应对汹涌的波浪。

还有一种有意思的船叫"库法"（quf-fa），距今已有数千年的时间。当时，人们在底格里斯河和幼发拉底河航行时会使用这种船。库法是一种圆形的独木舟，长达5.5米，最多可容纳20个人。它是用焦油将编织物密封起来制成的。

从澳大利亚到北美洲，世界各地的人们都学会了用树皮制造独木舟，他们用树根将树皮缝合在一起，并用树脂进行密封。这些用树皮做成的独木舟既轻便又结实。美洲原住民阿冈昆人和易洛魁人都用树皮做独木舟。

阿冈昆人使用白桦树的树皮制造独木

船舶

海上的木板船

把木板绑在一起做成的船要比独木舟或兽皮船大得多。在公元前2000年,古埃及的造船者把1000块或更多的小木板拼接在一起,并用坚韧的草绳绑起来,制造出30多米长的船。到公元前1000年,腓尼基(现黎巴嫩)的商人开始走出地中海,乘坐坚固的船在广阔的大西洋上航行。这些船由长长的雪松木板和木质肋材制成。

木板可以拼接,也可以重叠。人们不仅可以制造出适于航海的轻便大船,还可以设计船的形状,使其能够在水中顺畅、快速地航行。没有比维京长船更好的例子了。1000多年前,维京人乘坐低矮、优雅的长船从斯堪的纳维亚半岛远航至北美洲。

下图是古希腊的三层桨帆船"奥林匹亚号"的复制品。这艘船有两个帆,由170支桨驱动,最高速度约为17千米/时。古希腊人在战斗中使用高速行驶的三层桨帆船撞击敌舰。

工程和技术：水陆运输

舟，事实证明这种材料很好，而易洛魁人使用的是榆树皮。当今比赛通常使用由玻璃纤维和塑料制成的划艇，它们的设计灵感便来自这些用树皮做成的独木舟。所有的早期船都是由人力驱动的，要么用杆子推河底，要么将桨浸入水中划动。利用风力的帆船大概于 7000 年前首次出现在美索不达米亚平原上。

单桅帆船

桅杆
撑臂
主帆
艏三角帆
帆桁
甲板
船尾
船头
船舵
稳向板
系在羊角上的绳索

单桅帆船是一种小帆船。它有两个三角帆，一个人就可以控制。单桅帆船仅适合在靠近陆地的沿海水域航行。

传统的单桅帆船装有大三角帆，这种帆比方帆更灵活。使用这种帆的帆船可以更轻松地迎风航行。

如何逆风航行

帆船之所以可以逆风航行，是因为沿此方向航行时，风吹帆产生的阻力小于向前的拉力。帆的作用原理与机翼的一样（形状也相似）。当风吹过有弧度的帆时，风速加快，那一侧的压力下降，从而产生压力差，就像风吹过机翼一样。这个力会拉着帆船向前行驶。帆船沿"之"字轨迹行驶，这样不停地调整方向，帆船就可以逆风前行。有些现代帆船的航行方向与风向的夹角可以接近 39°（0° 为完全逆风的方向）。

52

船舶

高桅横帆船

19世纪初，帆船技术达到顶峰，主要体现在飞剪船上。飞剪船之所以得名，是因为它们试图缩短航行时间，以最快的速度把茶叶从亚洲运到欧洲和北美洲的市场。

设计师将船体减至最小，并在高大的桅杆上安装大面积的帆，以充分利用风力。帆船可以达到56千米/时的速度。1866年，"太平号""塞里卡号"和"羚羊号"飞剪船比赛从中国的福州起航到达英国伦敦，全程25700千米，用时仅99天。

像其他高桅横帆船一样，飞剪船也拥有复杂的方帆和大三角帆。帆由帆布制成。方帆横向挂在桁端上，可以在水平帆桁上转动，以充分利用不同方向的风。大三角帆纵向悬挂，从正面或背面接受侧风。这种组合使得飞剪船几乎可以在风中任意航行，而不受风向的支配。此外，帆的面积很大，即使是最柔和的微风，它也能加以利用。

高桅横帆船因其高大的桅杆而得名，桅杆的高度几乎等同于船的长度。如今，我们仍可以在海上看到高桅横帆船。很多高桅横帆船用于训练年轻的海军军官学习最基本的航海知识。

53

工程和技术：水陆运输

我们现有的第一幅有关帆的图片来自古埃及，可以追溯到公元前3500年。这张帆只是一块方形的布，悬挂在桅杆的帆桁上。最早的帆船装有方帆，可以顺风航行。到公元200年，地中海地区的水手开始使用大三角帆，它和阿拉伯单桅帆船上使用的三角帆很像，更适合逆风航行。

远洋船舶

商船在一千多年甚至更长的时间内都没有太大的变化。它们由侧面的桨控制，一般来说至多拥有两张帆。但是，在1200年左右，欧洲船上的舵桨被船尾的铰接舵代替了。这项发明使船更具机动性，即使逆风航行也能前进。同时使用方帆和大三角帆的船，不管风向如何，几乎都可以前行。到15世纪，欧洲探险家开始使用轻快的帆船。有了这种轻便、快速、机动性强的帆

船舵大部分沉在水下，外表平坦，可以左右移动。当移到侧面时，船舵会推动水流，水会反作用于船，从而改变船的方向。

蒸汽动力

18世纪初，发明家开始探索船的新材料和新动力源。1783年，阿班侯爵（Marquis d'Abbans）驾驶一艘蒸汽船在法国的索恩河上行驶。4年后，英国人约翰·威尔金森（John Wilkinson，1728—1808）证明，铁船可以漂浮在水上。1801年，威廉·西蒙顿（William Symington，1763—1831）在苏格兰设计出第一艘汽船"夏洛特·邓达斯号"。几年后，罗伯特·富尔顿（Robert Fulton，1765—1815）开始在哈德逊河上提供汽船服务。1819年，以蒸汽驱动的"萨凡纳号"横渡大西洋，不过大部分时间它都依靠帆前行。

上图为罗伯特·富尔顿的肖像画，背景为他的"克莱蒙特号"汽船。

船舶

相关信息

- 最早划船横渡大西洋的人是来自圣赫勒拿岛的英国逃兵。1799年7月，他们在海上航行了28天后到达巴西。
- 最早独自划船横渡大西洋的人是美国人约西亚·沙克福德（Josiah Shackford）。1786年，他用35天穿越了大西洋。
- 完全依靠蒸汽驱动的横渡大西洋的第一艘船是"拉达曼迪斯号"明轮船。1832年，它从英国的普利茅斯航行到加勒比海的巴巴多斯。

灯塔

在灯塔被发明出来之前，人们会在山顶上生大堆的火，警告船此处有危险的岩石。世界上已知最早的灯塔是古埃及的亚历山大灯塔，建于公元前280年左右，由尼多斯的索斯特拉特设计，高约110米，这在当时是一项了不起的成就。

18世纪，现代灯塔不断发展起来。1759年，人们在英格兰的埃迪斯通群礁上建造了一座用石头砌成的灯塔。它由英国工程师约翰·斯米顿（John Smeaton，1724—1792）设计，在抵抗浪涛冲击上取得了突破。20世纪，混凝土和钢材取代了石材。如今，导航技术减少了船舶对灯塔的需求，现存的灯塔通常是自动化的。

船，人们开启了史诗般的发现之旅。

早期的汽船由船体两侧或船尾的明轮驱动。密西西比河上大多数汽船的明轮都在船尾。明轮构造简单，很容易损坏且效率低下，因为它的桨叶大部分时间里都不在水中。很多工程师认为螺旋桨可以解决这个问题。

这个想法可以追溯到古希腊哲学家阿

下图为一艘到达美国佐治亚的萨凡纳港口的明轮船，它的桨安装于船尾。

55

工程和技术：水陆运输

船的螺旋桨旋转时，会把水拨向后方，从而产生反方向的推力，驱动船向前移动。

基米德，他开发了一种类似螺旋形开瓶器的装置，可以将水从河中泵出。但是，直到1836年，英格兰的弗朗西斯·史密斯（Francis Smith，1808—1874）和瑞典的约翰·爱立信（John Ericsson，1803—1889）才最终成功设计出螺旋桨。事实证明，这是一个至关重要的突破。1845年，明轮船和螺旋桨船进行了一场比赛。螺旋桨船轻松获胜，将明轮船远远地甩在了后方。

钢结构

19世纪下半叶，最大的船几乎都是用铁建造的。但是从1900年起，钢代替了铁，船因此变得更轻、更坚固，船体板开始采用焊接技术，而不再用铆接技术。水密舱壁将船体划分为若干个舱室，即使船出现漏水，也会减少整个船体被淹的可能性。

大约在同一时间，船开始使用19世纪末查尔斯·帕森斯（Charles Parsons，1854—1931）发明的蒸汽涡轮发动机。其中，来自锅炉的热蒸汽驱动螺旋桨叶片旋转，而不是驱动活塞往复运动。它可以非常有效地将蒸汽中的能量转换为叶片旋转的动能，其功率足以驱动大型船。船的结构和发动机设计的进步催生了第一批大型远洋客轮

科学词汇

舱壁： 船的"墙壁"，将船体划分成若干个舱室。

浮力： 浸在液体中的物体受到液体竖直向上托起的作用力。

密度： 某种物质组成的物体的质量与它的体积之比。

船舶

上图为日落时分一艘在波兰格但斯克干船坞修理的船。

的诞生。

当时的大型远洋客轮都用帕森斯涡轮机提供动力,例如沉没的"卢西塔尼亚号"。后来,客轮越来越大,速度也越来越快,并在20世纪二三十年代达到顶峰。当时,"玛丽皇后号"和"伊丽莎白女王号"等大型远洋客轮定期穿越大西洋,用时不到一周。

与今天的大多数船一样,现代油轮都由1912年发明的柴油发动机或1947年首次尝试的燃气轮机提供动力。1962年,美国政府首次在"萨凡纳号"上使用核能,但目前来看,其效果有限。

1980年,日本钢管株式会社的造船厂制造了一艘货船,其中由计算机控制的电

社会和发明

海难

1912年4月14日至15日,当时世界上最大的客轮"泰坦尼克号"在离纽芬兰海岸640千米处沉没。这艘客轮的设计采用双底船体,分为16个水密舱室。如果有4个舱室被淹,那么船也有可能免于沉没。4月14日午夜,"泰坦尼克号"撞上了一座冰山,导致5个水密舱室被淹。两个小时后,"泰坦尼克号"沉没。后来人们发现,客轮上的救生艇只够一半乘客乘坐,所以很多乘客只能在冰冷的水中丧生。

最著名的货船遇难事件源自"埃克森·瓦尔迪兹号"油轮。1989年3月24日,这艘油轮撞上了阿拉斯加海岸的布莱礁。当时,要求其更改路线的指示未被正确执行。据估计,此次事件泄漏了超过5000万升石油,污染了1200平方千米的水域。

第一次世界大战期间,载有2000人的豪华客轮"卢西塔尼亚号"于1915年在爱尔兰海岸沉没。该船是被一艘德国潜艇发射的鱼雷击沉的。

57

工程和技术：水陆运输

动机会将大型刚性帆转到兜风效应最佳的角度，以此来辅助发动机，从而降低燃油成本。不过，这个想法尚未被广泛采用。

其他类型的船

限制船速度的一个因素是水对船体的阻力。近年来，船的设计发生了重大改变，出现了水翼船、气垫船和多体船等多种类型。

水翼船实际上就是滑水橇和飞机机翼的结合体。水翼通常安装在船体下方。当装有水翼的船速度足够快时，水翼会将船体抬离水面。

气垫船在水上和陆地上均可以快速行

世界上最大的船之一是超级油轮，其长度至少为379米，是普通足球场长度的4倍。

铁船

木船的大小有一定的限制，这主要有两个原因：首先，人们很难找到大块的木头；其次，如果没有支撑，90米长的木材会弯曲或断裂。铁壳的设计解决了这个问题。工程师伊桑巴德·金德姆·布鲁内尔（Isambard Kingdom Brunel，1806—1859）打造了许多铁制结构，包括桥梁和铁路。他还建造了两艘大型铁船——"大不列颠号"（1843）和"大东方号"（1858）。从那时起，大型金属船不断涌现。

船舶

气垫船

气垫船是一种水陆两用交通工具。1877年，约翰·索尼克罗夫特（John Thornycroft，1843—1928）申请了气垫船的发明专利，但有一个问题没有解决，那就是如何防止气垫从船底飞离。直到20世纪50年代，克里斯托弗·科克雷尔（Christopher Cockerell，1910—1999）才解决了这个问题。他给气垫船增加了橡胶围裙，内有向内喷射的气流。

气垫船由5个主要部件组成：橡胶围裙、垫升系统、推进系统、船体和发动机。大型气垫船采用燃气轮机为推进和垫升系统提供动力，小型气垫船则采用柴油机。为了产生足够的升力，高速离心式风扇从气垫船顶部的进气口吸入空气，并将其向下压入橡胶围裙和船底。橡胶围裙实际上就是一个充满空气的大袋子。空气通过朝内的孔从袋子中逸出，这样就形成了气垫。气垫船静止不动时，袋子还可以起到支撑的作用。

气垫船顶部的螺旋桨源自飞机的结构，用来提供推进力。螺旋桨可以旋转，从而控制方向。气垫船后部还有舵。气垫使船很难转向和制动。气垫船的船体有一个浮选室，万一发动机发生故障，它可以防止船下沉。

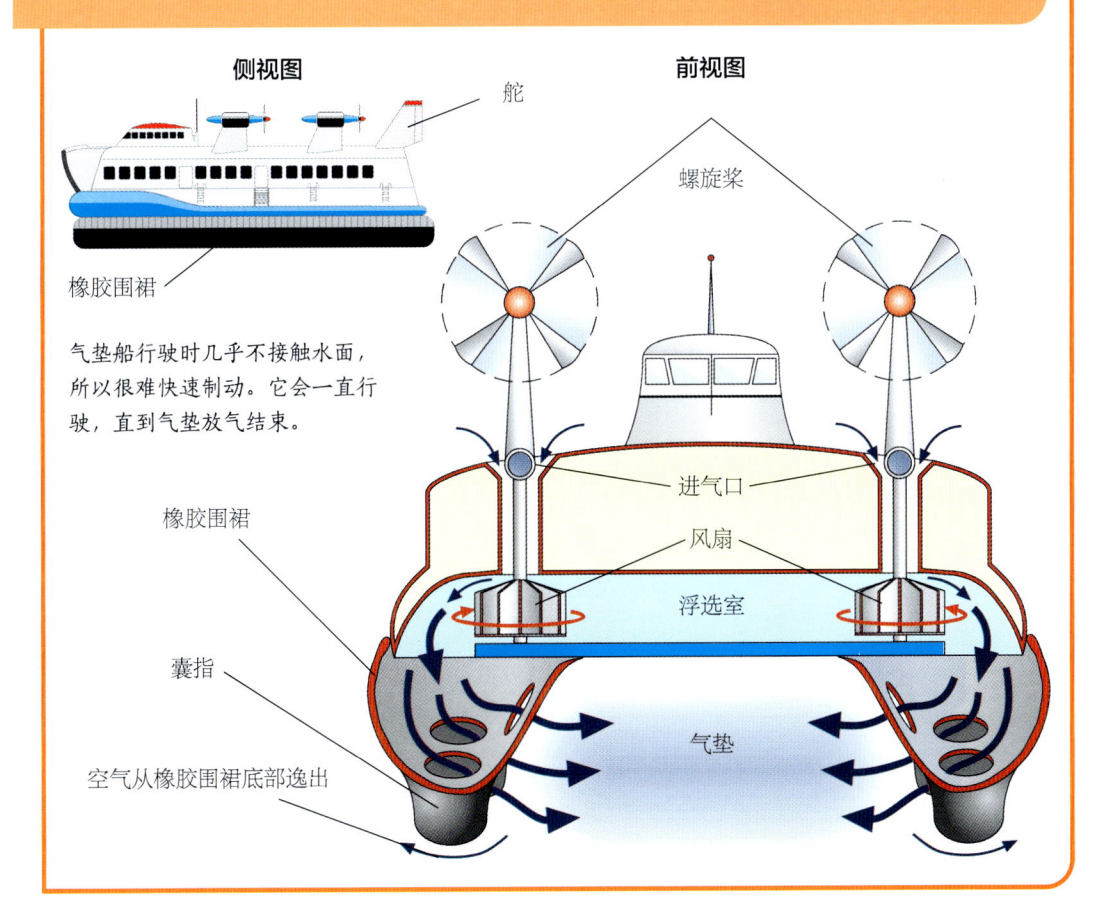

侧视图

舵
橡胶围裙

气垫船行驶时几乎不接触水面，所以很难快速制动。它会一直行驶，直到气垫放气结束。

前视图

螺旋桨
进气口
风扇
浮选室
橡胶围裙
囊指
空气从橡胶围裙底部逸出
气垫

59

未来最吸引人的一种海上旅行可能是乘坐太阳能船旅行。上图中这艘太阳能船于2012年完成环球航行。

用枝条和贝壳编制的海图

古代的水手没有卫星导航，甚至没有指南针为他们指路。密克罗尼西亚的岛民用枝条和贝壳表示岛屿的位置和洋流情况，他们编制了准确的海图。有些海图详细地说明了岛屿周围的洋流，有些则描绘了如何航行到遥远的岛屿。

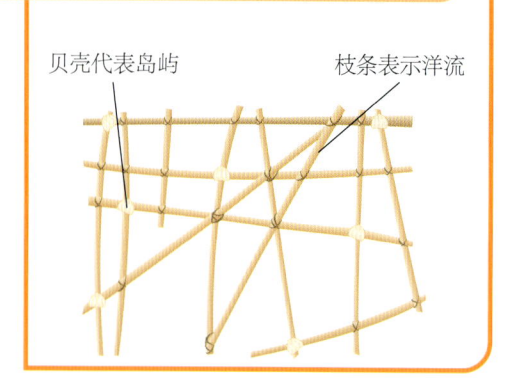

贝壳代表岛屿　　枝条表示洋流

驶。1959年，克里斯托弗·科克雷尔爵士制造了第一艘气垫船。它能乘坐3人，以低速在平静的水面上或平坦的地面上行驶。如今，大型气垫船已被军队用作登陆艇，还被用作商业渡轮。但是气垫船辜负了大家的期望——事实证明，在波涛汹涌的水面或崎岖不平的地面上，气垫船难以驾驭，而且

相关信息

- 以最快速度横渡大西洋的是汤姆·金特里（Tom Gentry）的"金特里之鹰号"。它以超过83千米/时的平均速度用了短短两天半的时间横渡大西洋。
- 水面行驶速度的最高纪录为556千米/时，由"澳大利亚精神号"水上飞机保持。

并不安全。

船的未来

多体船似乎代表着船的未来发展方向。波利尼西亚人制造了拥有两个甚至3个船体的船。这些双体船和三体船船体狭长，具有出色的稳定性，速度比传统船快得多。现代双体帆船的速度可达59千米/时。此外，人们还发明了多体货船和汽车渡轮。有些穿浪三体船（WPT）甚至被用于军事用途。

第一艘多体船？

大多数独木舟都沉重低矮，只能在平静的内陆水域航行。不过，太平洋地区的人们给它加上了舷外支架或额外的船体，使它更为轻巧、稳定。他们曾经乘坐这样的船远洋航行。几个世纪前就有人乘坐多船体独木舟到达太平洋岛屿。

浮力

古希腊哲学家阿基米德发现，物体在水中的重量要比在空气中轻，因为水会给予物体一个向上的推力，即浮力。当物体浸入水中时，物体会因自身的重量下沉，但水会给物体一个向上的力，这个力的大小等于下沉物体排开水的重量。当物体的重量等于水对它的浮力时，物体就会浮起。

现代船舶的侧面大多标有普利姆索尔线，它表示的是船在不同条件下安全载重的最大吃水深度。船的浮力取决于它的重量及水的密度。水的密度受温度和所含盐分的影响。温度较低的咸水的密度要大于温度较高、盐分较少的水的密度。水的密度越大，船能安全运载的货物越多。英国政治家塞缪尔·普利姆索尔（Samuel Plimsoll，1824—1898）看到船因载有过多货物而面临风险后，于1875年制定了普利姆索尔线。1939年以来，世界各地的船大多沿用了此种方法来确保船的安全。

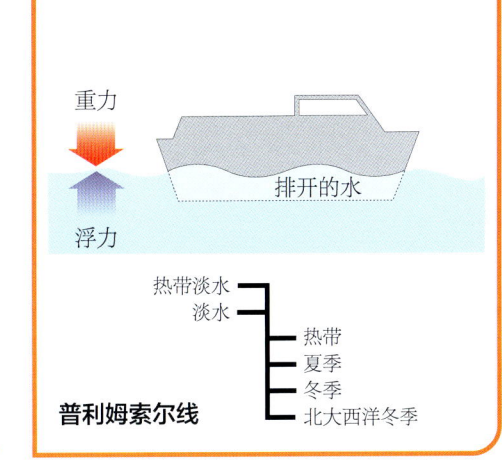

重力
排开的水
浮力

普利姆索尔线
热带淡水
淡水
热带
夏季
冬季
北大西洋冬季

时间线

公元前 3500 年 人们给雪橇加上了轮子，制造出了第一辆板车。

公元前 3000 年 中亚地区的人们将马驯养，并用于骑行。

公元前 2500 年 斯堪的纳维亚半岛的人们发明了由木材和兽皮制成的滑雪板。

公元前 1900 年 美索不达米亚平原上的人发明了辐条轮。

公元前 1300 年 希克索斯人发明了马嚼子。马嚼子由金属制成，放在马的牙齿之间，使骑马的人更好地控制马匹。

公元前 600 年 乌克兰的游牧民族斯基泰人发明了马鞍。

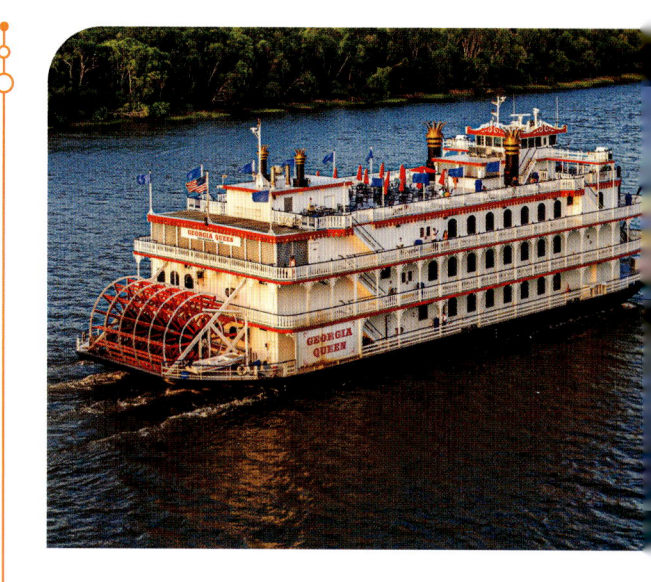

公元前 250 年 埃拉托色尼绘制了一张包含经线和纬线的世界地图。

公元 100 年 马镫的发明使得骑马的人在全速骑行时可以保持稳定的坐姿。

12 世纪最初 10 年 欧洲建造了第一艘真正的军舰，即"柯克帆船"。

1400 年 匈牙利科奇村发明了带有悬架系统的四轮马车。

1490 年 莱昂纳多·达·芬奇设计了带有两个轮子、踏板和后轮链条的自行车。

1493 年 克里斯托弗·哥伦布（Christopher Columbus）乘坐帆船穿越大西洋。该帆船利用方帆和大三角帆提高机动性。

1550 年 欧洲发明了铁路，主要在矿山使用。

1712 年 托马斯·纽科门（Thomas Newcomen）发明了一种蒸汽机，用于将矿井中的水抽出。

时间线

1769年 尼古拉斯-约瑟夫·屈尼奥制造了第一台自行式公路车辆。它体积巨大，最终因操作失控引发了世界上首起道路交通事故。

1775年 约翰·乌特勒姆发明了有轨马车。

1782年 詹姆斯·瓦特发明了双作用式蒸汽发动机，在旋转发动机的基础上做了改进。

1801年 理查德·特里维希克制造了一辆蒸汽车。

1812年 第一条实用的蒸汽铁路开始在英格兰的利兹市和米德尔顿矿区之间运营。

1819年 卡尔·冯·德莱斯发明了奔跑机，这是现代自行车的雏形。

1829年 乔治·斯蒂芬森推出了"火箭号"机车，这辆机车主要由他的儿子罗伯特设计。

1830年 美国第一条铁路在南卡罗来纳州的查尔斯顿开通。

1849年 人们发明了铁路区间信号系统，并于1867年实现了区间信号系统的自动化。

19世纪60年代 皮埃尔·拉勒芒制造了第一辆带有踏板的自行车，命名为"脚踏车"。

1863年 伦敦开通了第一条地铁。

1867年 尼古劳斯·奥古斯特·奥托（Nikolaus August Otto）制造出了第一台应用四冲程循环原理的内燃机。

1885年 戈特利布·戴姆勒制造了第一台现代摩托车。同年，卡尔·奔驰制造了一辆三轮汽车。

1888年 约翰·博伊德·邓洛普发明了充气轮胎。

1908年 亨利·福特开始生产T型车，将汽车带入了普通百姓的视野。

1912年 第一台柴油机车面世。

1979年 "海上巨人号"超级油轮启航，后来更名为"蒙特号"。该油轮现已停用，它曾是有史以来人们制造的最大的交通工具。

2003年 磁悬浮列车成为最快的铁路车辆。

2009年 当时最大的客轮"海洋绿洲号"开始运营。

2011年 "寻血猎犬"超声速汽车成为首款速度超过1600千米/时的汽车。

2018年 Waxmo公司在美国亚利桑那州凤凰城率先推出了自动驾驶出租车服务。

63

延伸阅读

Books

Cars, Trains, Ships and Planes: A Visual Encyclopedia of Every Vehicle. New York, NY: Dorling Kindersley, 2019.

Car: The Definitive Visual History of the Automobile by Giles Chapman. New York, NY: Dorling Kindersley, 2011.

Our Transportation Systems by Dorothy Francis. Brookfield, CN: Millbrook Press, 2002.

Ships and Submarines by Chris Woodford. New York: Facts On File, Inc., 2004.

The Transcontinental Railroad and The Great Race to Connect the Nation by Wim Coleman & Pat Perrin. Berkeley Heights, NJ: MyReportLinks.com Books, 2006.